文字なき古代の列島史

日本人はどこから
縄文・弥生・倭大王

和　邦夫
Yamato Kunio

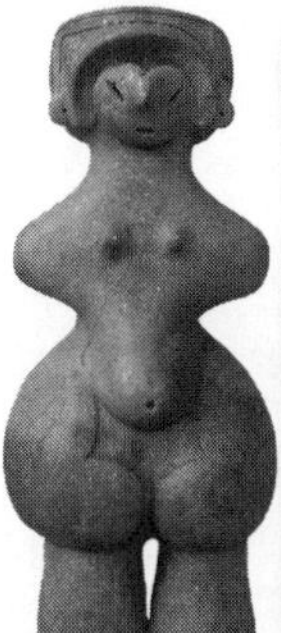

一般財団法人 大蔵財務協会

まえがき

日本人の祖先はどこから来たのか。アフリカで誕生したホモ・サピエンスの世界拡散の流れが日本列島に達したのはおよそ4万年前頃と推定されている。列島に来た人々は旧石器時代を過ごし、1・5万年前頃に新石器の縄文時代を迎え、BC10世紀頃から水田稲作の弥生時代、そして、3世紀に倭大王、倭王権成立、古墳時代を迎えた。

この長い時代、人々の生活、社会はどのように営まれたのであろうか、どのような歴史が刻まれたのであろうか、知りたいと思う人々は多いであろう。我々に残された材料は、当時の遺跡・遺物、紀元以降の倭について記す大陸の僅かな史料、そして、奈良時代初期に編纂された古事記、日本書紀に記されていることなどである。

近年、有史前の日本の歴史についての研究は多彩で、遺跡、遺物の発見、分析手法の進歩、究明の積み重ねにより明らかになってきたことが多い。本書はそうした研究成果をもとに文字なき古代の列島史を記すことを試みたものである。古代社会は我々の祖先の生きた世界であり、郷愁と想像をかきたてる世界である。本書が皆さまの古代社会探訪の一助となれば幸いである。

目次

第3部　弥生時代

第5部　倭王権の成立

第1章　倭王権成立へ　118

第2章　箸墓古墳の出現―古墳時代・倭大王時代へ　126

第3章　中国史書の伝える倭、邪馬台国　138

第1部

日本人はどこから来たか

第1章　人類発祥と世界拡散

第1節　地球の寒暖のサイクル

・現在の地球は、地質学上、２６０万年前に始まった第4紀（氷河時代）にある。近時のおよそ１００万年は、ほぼ10万年周期で氷河期（寒冷期　9万年ほど）と間氷期（温暖期1万年ほど）が繰り返され、さらに、その中で数百から数千年単位で寒暖が変動した。氷河期には陸地の3割は氷河であった。

・過去およそ１００万年の間に少なくとも11回の氷河期があった。最終氷河期は5万年前頃に始まる。2・65～1・9万年前頃に最寒冷期を迎え、気温は年平均で現在より7～8度低かった。およそ1・45万年前まで寒冷期、1・45～1・27万年前は温暖期、1・27～1・15万年前は寒冷期（ヤンガードリアス期）であったが、寒冷期末には約50年で気温は7度程上昇、およそ1・15万年前から温暖期が今日まで続いている。

1・15万年より前を更新世、その後の間氷期（温暖期）を完新世と呼ぶ。現在は、第4紀完新世にある。

第２節　人類の起源と拡散

１　猿人、原人

・人類の起源は猿人（アウストラロピテクスなど）に始まる。猿人から原人（ホモ・エレクトス）、旧人（ネアンデルタール人など）、新人（ホモ・サピエンス、現在の人類）へと進んだ。

・猿人は今から６～７百万年前頃にアフリカに出現した。能容積は類人猿と同程度であったが、直立二足歩行。人類の祖先の誕生である。１３０万年前頃まで生息したとみられている。

・２００万年前頃、アフリカでホモ属　原人登場。出アフリカ、世界に拡散した。北京原人（70～40万年前頃）、ジャワ原人（１６０～25万年前頃）はその仲間とされる。

２　旧人

・60～30万年前頃、アフリカでホモ・ハイデルベルゲンシスが登場、ユーラシア、アフリカ大陸に分布。ハイデルベルゲンシスのヨーロッパに渡ったグループからネアンデルタール人が誕生、アフリカに残ったグループからホモ・サピエンスが誕生したと考えられてきた。

・しかし、近時の遺伝子研究の結果、次のように考えられている（以下、４まで篠田謙一氏の『人類の起源』による）。

77～55万年前頃　旧人と新人の系統が分岐する。

47～38万年前頃　旧人のデニソワ人（シベリア西部のアルタイ地方の洞窟で発見、シベリア・東南アジア居住）とネアンデルタール人（ドイツのデュセルドルフ郊外のネアンデルタール渓谷で発見、シベリア・ヨーロッパ居住）が分岐、ユーラシア大陸に在住、いずれも数万年前まで生存の可能性ありとされる。

ネアンデルタール人は、身長１５０～１７５㎝、体重64～82㎏、脳容積１２００～１７５０㎖、がっちりした体格、顔面全体が前方に突き出ていると推定される。現在のアジア、ヨーロッパ人にはおよそ２・５％程度のネアンデルタール人のＤＮＡが混入しており、ホモ・サピエンス（新人）との交雑があったと推定されている。ムスティエ（フランス西南部）文化形成（４・１～３・９万年前頃終焉、石器時代、この頃までホモ・サピエンスと共存、交雑もあった）。３・３万年前頃絶滅ともされるが明確ではない。ネアンデルタール人は、体力、能力はホモ・サピエンスに優るものがあったが、ホモ・サピエンスと違って協調行動をしなかったことで滅びたとの見解もある。

3　新人

・20万年前にアフリカのサハラ以南の地でホモ・サピエンス（新人）が誕生（30万年前説もある）した。13・5～7万年前のアフリカは極端な乾燥と湿潤気候が交互にあり、生存の危機に晒された。

６万年前頃、アフリカ北東部からレパントへと出アフリカ。この地域にはネアンデルタール人、ホモ・サピエンス双方の遺跡があり、ここで交雑した可能性もあるとされる。その後、ホモ・サピエンスはユーラシア大陸に拡散し、やがて、それ以外の人類は滅亡した。

・６万年前頃は地球の気候は温暖、５万年前頃から寒冷期、少しの温暖期を挟んで再び寒冷期、１・15万年前以降、温暖期。気候変動によりホモ・サピエンスは離合集散した。

4　新人の世界への拡散

６万年前頃に出アフリカしたホモ・サピエンスは、１万年ほどの間に、東アジア系統、ヨーロッパ系統、ユーラシア集団を形成した。それぞれ気象条件に応じて形質変化していく。

ⅰ　ヨーロッパに進入した人々は、オーリニャック文化、グラペット文化、ソリュートレ文化、マグダレニアン文化（1・8〜1・1万年前頃。ラスコー、アルタミラの壁画が残る、担い手はクロマニヨン人と呼ばれる）を形成（狩猟採集民）した。農耕への移行は1万年前頃、トルコ南東部・イラン西部・レヴァント地方の丘陵地帯で始まったと見られている。

ii　ユーラシア大陸中央部に進入した人々は古代北ユーラシア集団を形成。そこから西方に拡大したグループがユーラシア草原の狩猟採集民となる。シベリアへも北進。

iii　ユーラシア大陸東部では、5万年前頃からインドへ、インドから東南アジアへ。そこから南北に分かれた。南に拡散してパプアニューギニアからオーストラリア大陸（4・7万年前頃）へ、北へ進んだグループは古代東アジア集団を形成（4万年前頃）、さらに、北進し古代北ユーラシア集団と合流、シベリア、アメリカ大陸（2万年前以降）へ。南米大陸では、1・75〜1・46万年前に南北に分岐。北は北方アメリカ先住民となり、南は南米大陸まで進んだ。

iv　寒冷期には、オーストラリア・ニュージーランド・タスマニアは地続きでサフールランド、フィリピン・インドネシアはタイ・ベトナム・ミャンマーなどと地続きでスンダランドと呼ばれた。1万年以降、温暖化で海面上昇、分離した。

第3節　日本人の祖

1　日本人

日本へは4万年前頃、東南アジアなどから北上した集団が日本列島に入り基礎集団を形成、列島全域で均一な形質を持つ縄文人となった。

ＢＣ10世紀に朝鮮半島からの人々（大陸を北上、寒冷地適応し形質を変化させた北東アジア新石器人）が北九州へ、水田農業とともに東進、縄文人と混血、弥生中期以降も朝鮮半島から多数の渡来があり混血していった。

今日、縄文人に近いのは水田稲作の伝わらなかった琉球、北海道で、縄文人由来の遺伝子は、九州・四国・本州は10％、琉球30％、北海道アイヌ70％とされる。

2　民族混合

・指紋について東北日本と西南日本を比べると、「渦巻き指紋（渦状型）」は西南日本に多く、「流れ指紋（蹄状型）」は東北日本に多い。「流れ」の出現率で「渦巻き」の出現率を割って１００倍する数字で見ると、九州が最も多く、東に進むほど減る。東北・関東・中部と近畿以西の西南日本との間に差がある。

・無症候性Ｂ型肝炎抗原保有者（adr・adw）について見ると、adr 保有者は九州、本州西部では8割以上、北進するにつれ減少、秋田は46％と最低。adw 保有者は秋田が最高で南に行くに従い減少する。沖縄は adw が主で adr は少ない。

このことは、古い日本人は adw 型を持つ民族であったが、中国・朝鮮半島から adr 型を持つ民族が九州へ、その後、東進、北進したために起きた現象と考えられている。

・こうした事実は、現在の日本人は民族の移住、混血により構成されていることを物語るものとされる。

第４節　旧石器時代

旧石器時代は人間が道具を作った最古の時代である。最古の旧石器はアフリカのエチオピアで、原人が２００万年前頃に使い始めたとされる。石器より早く木を道具に利用した可能性は高い。火の使用は１４０～１００万年前の証跡が発見されている。

旧石器時代は前期、中期、後期に分けられる（人口は一つの試算）。

・前期　２００万～30万年前頃　原人、旧人の時代、人口12万人程度。言語の発達があったとされる。

・中期　30万〜3万年前頃　剥片石器出現。旧人、新人の時代。人口100万人程度。
後期　3万〜1・5万年前頃　新人の時代。人口200〜300万人程度。

第5節　文化、文明発祥

1　文化の発祥

5万〜3・5万年前頃、実用外の象徴的文化＝最初の芸術（絵画、塗装、彫刻）が生まれた。信仰、呪術と結びついていたとされる。

1万数千年前には、ラスコー、アルタミラの壁画（クロマニヨン人による）があり、ホモ・サピエンスの文化遺産とされる。

2　4大文明

メソポタミア、エジプト、インダス、中国の4大文明が発祥する。都市と農業、文字と法律を持つ。
・メソポタミア文明　BC5千年頃、ティグリス・ユーフラテス川の肥沃地帯にシュメール人の都市国家発祥。楔方《くさびかた》文字を有する。

・エジプト文明　ＢＣ３千年頃、第1王朝、ナイル川沿いに発展。天体観測に優れ、ヒエログリフ（象形文字）使用。
・インダス文明　ＢＣ２５００年頃、インダス河沿いに発展、インド、パキスタン、アフガニスタンにまたがる。モヘンジョダロ、ハラッパなど都市遺跡は著名。インダス文字は解読されていない。
・中国文明　ＢＣ５千年頃、黄河沿いに黄河文明（雑穀作）、少し前に長江沿いに長江文明（稲作）発祥。ＢＣ17世紀には殷王朝成立。甲骨文字使用。
・ヤムナヤ文化　ＢＣ３６００～ＢＣ２２００年頃、ドナウ河とウラル山脈の間の広大な地域（ウクライナ）に馬と車輪を利用するヤムナヤ文化発祥。瞬く間に広汎な地域に普及。

3　国の発祥

４大文明は古代原生国家に結びつく。国家とは、統治機構や軍事力、警察力の力の機構があり、それが1人の人、あるいは、特定の組織に統括されていることが特徴とされる。国家起源につき3つの仮説（灌漑説、閉じ込め説、貿易説）がある。いずれも一つだけでは十分には説明できず、複合して考えるべきものであろう。

イ　灌漑説

４大文明の４発祥地、メソポタミア、エジプト、中国、インドにおいては灌漑が重要であり、そのため権力組織、政府が必要となった（大規模灌漑設備の造成・統制・整備、円滑な農業生産のため、それによる人口増加のため）。

ロ　閉じ込め説

暴力（戦争）で敗者は統治権を征服者に奪われ、国家ができ、山や砂漠で囲まれ物理的に、あるいは、周りに敵対的民族があり閉じ込められる。

ハ　貿易説

長距離交易を行うとそれに付随して様々な組織が必要となり、国家形成に結びつく。

第２章　日本の旧石器時代

第１節　日本列島に来た人々

・東南アジアに到達したホモ・サピエンス集団が大陸を経由して日本に到着したのは、既述のようにおよそ4万年前以降とみられている。
・2・5万年前頃の最寒冷期の気温は今より7～8度低く、このため海面は120m程度低く、北海道とサハリン・沿海州は地続き、本州・四国・九州は一つの島（瀬戸内海は陸地化していた）であった。九州と朝鮮半島、北海道と本州は繋がってはいなかったが、海域は僅かの距離であり（津軽海峡は冬季には結氷）、日本海は湖のような存在であった。
・日本列島には、東南アジアから琉球へ、朝鮮半島から本州へ、沿海州、樺太から北海道へと人間集団（古い東南アジア集団）が進入したが、そのスタート時点は均一ではなかったとみられている。
・寒冷期の日本列島にはナウマンゾウ、オオツノシカ、バイソンなどが生息、北海道ではマンモスが生息した。１・45万年前頃の温暖化で生息動物はシカ、イノシシ、ウサギなどの中小動物に代わった。

第2節　旧石器時代

1　前期、後期

・2・9万年前に鹿児島湾を噴火口とする大噴火が起こり、九州南部は火砕流に襲われ、東日本まで降灰、人間生活に大きな影響を与えた。この噴火は旧石器時代を前半と後半を分ける概ねの指標とされる。

・2・5万年前頃は最寒冷期であった。1・45万年前頃以降、数十年で平均気温が9度ほど上昇する大規模な温暖化が起こる。1・27万年前頃以降寒冷期、1・15万年前頃に同規模な温暖化が起こり、以降、気候は温暖化、安定した後氷期に入る。1・5〜1・15万年前の間は縄文時代草創期とされる（後述）。

2　旧石器時代の生活

・旧石器時代の研究は昭和24年の岩宿遺跡（群馬県笠懸村）の発見、発掘に始まる。旧石器時代の遺跡は多数発見されている。

・人々の生活は狩猟採集、定住せず、移動性の高い遊動生活であったが、黒曜石の石器が産地から遠い地で発見されており人の移動と交換があったことがうかがわれる。

・石器は、毛皮の防寒具作成のための掻器（皮なめしに使用）、ナイフ形石器や槍先となる石器、動物解体・加工具と考えられる削器・掻器などが発掘されている。樹木の伐採に使われたとみられる磨製石斧、堅果をすり潰す石皿も発掘されている。

・石器の変遷をみると、列島では、４万年前以降、刺突形（主に槍先）と切裁形（加工器）の2形がある。２・５万年前頃に北海道で北方系の細石器、2万年前頃には関東・東北で槍先形尖頭器出現。１・８万年前頃には北海道・東北日本のシベリア起源の細石器と西南日本の細石器（大陸起源と列島自生の両説あり）に分れる。

・生活は、動物食が主で、罠猟（落とし穴、野兎捕獲など）も行われたとされる。植物食についてはオニグルミ・ミズキ、ハシバミ・チョウセンゴヨウなどの実、コケモモなどを食した痕跡が発見されている。澱粉摂取には加熱処理が必要で、礫による石蒸し調理が行われたと推察されている。

人骨の発見は少なく、沖縄本島の港川人（１・８万年前）が該当する。

第2部

縄文時代

第１章　縄文文化は日本特有のもの

・縄文時代はＢＣ10世紀に弥生時代が始まるまで１万年余続いた。磨製石器（新石器）と土器を使用、定住生活を営む狩猟採集社会の時代である。

大陸では、１万年程前に農耕、家畜の飼育が営なまれはじめ、数千年前にはメソポタミア、エジプト、長江・黄河文明が生まれている。

日本の縄文文化は、狩猟採集生活を基本とする文化であり、様相を異にする。周辺地域からの影響が殆どみられない日本独自のものであった。日本の自然状況と日本が極東に在る島国であったことがその主因であろう。

・２０２１年に「北海道・北東北の縄文遺跡群」が世界遺産となった。青森の三内丸山遺跡、秋田の大湯環状列石など同地域の多くの遺跡（後述）が含まれている。遺跡群の顕著な普遍的価値として、

ⅰ　自然資源をうまく利用した生活

ⅱ　祭祀・儀礼を通じた精緻、複雑な精神文化

ⅲ　集落の立地と生業との多様な関係

iv　集落形態の変遷

が挙げられている（根岸洋氏『縄文と世界遺産』）。

縄文時代、縄文文化は世界に認められる存在となっている。

・縄文遺跡の新たな発見、遺跡の分析は時代とともに進んでいる。今後、さらに、縄文時代の詳細が判明していくであろうが、現在判明している縄文時代、縄文文化の概略を記す。

第２章　縄文時代の始まり

１　縄文時代へ

・１・５万年前頃に気温が上昇、温暖化するが、１・３万年前頃から再び寒冷化（ヤンガートリアヌス期）、１・15万年前頃以降に温暖化（間氷期）が定着、海水面は上昇、日本列島は大陸から離れた。

日本列島の植生は、寒冷期の針葉樹林（エゾマツ、トドマツ）から人の住みやすい落葉広葉樹林（ブナ）、照葉樹林（常緑性のカシ、シイ）に変化、食用植物の獲得が容易となり、海面上昇（縄文海進）により遠浅で砂泥質の入江が形成され漁労が容易となった。

・旧石器時代と縄文時代の時代区分の指標は、土器（土器の利用で食物の煮炊きが可能となり食料事情が安定した）、石皿・磨石《すりいし》、弓矢（旧石器時代は槍）、土偶（祭礼儀式の始まり）、竪穴住居（家族形態の確立を意味する）などの出現とされる。
・縄文時代は、最も長く考えた場合、1・65万年前頃から２４００年前頃（水田耕作が関東まで普及した頃）とされる。
縄文文化の北限は宗谷海峡、朝鮮半島との関係では対馬海峡、南限は沖縄諸島までで宮古島などの先島諸島は圏外であった。

2　縄文時代の始期

縄文時代の始期をいつと見るかについては3つの見解がある。
①　土器の出現をもって縄文時代とする見解。青森県大平山元遺跡から出土した無文土器が1・65万年前頃のものと見られることから、この時期を縄文時代の始まりとする。しかし、この時期には、土器は貧弱で数も少なく、日常的に食料を調理、加工していたとは考えられない。また、まだ氷河期であった。
②　1・5万年前頃からの土器の一般化（隆起線文系土器出現）を以て縄文時代始期とする見解。竪穴住居、弓矢使用、森林性食品を加工する石皿・磨石も出現する（1・3

万年前頃から寒冷化、進歩は停滞する）。
③　縄文文化的な生業形態、居住形態が確立した段階（土器は撚糸文土器）をもって縄文時代の始まりとし、温暖化が定着する１・15万年前頃を始期とする見解。

3　縄文時代の時代区分

・縄文時代は既述のように最も長くみて１・65万年前頃から２４００年前頃（関東まで水田耕作普及）までとされる。時期区分については諸説がある。終期は弥生時代の始期と重なり、地方によって事情は異なる。本書では左記の区分で記述する。
草創期（１・５万～１・15万年前頃）
早期（１・15万～７０００年前頃）
前期（７０００～５５００年前頃）、
中期（５５００～４４００年前頃）
後期（４４００～３２００年前頃）
晩期（３２００～２４００年前頃）
・草創期は試行錯誤の模索の時代。早期は人口はまだ希薄であるが集落形成、土器が増え定住生活が始まる実験の時代、前期以降は各地に定住的集落、祭祀遺物増加、墓葬定着、縄文文化成熟、縄文時代の安定期と位置づけられ、模索、実験、安定期間はそれぞれ、およそ4千年とみると理解しやすい（白石太一郎氏）。

縄文時代の中核は前期から晩期までの４千年余の期間であろう。

・縄文時代の日本列島の人口は、早期約２・２万人、前期約10・６万人、中期約26・３万人（東日本が多く、西日本は少ない）、後期約16・１万人との推計（弥生時代に入ると約60・２万人に増加）がある。

4　縄文人についての基本認識

・新石器時代の縄文時代は１万年余にも及ぶ長い期間続いた。文書に残された記録はなく、時代の解明は考古学による他はないが、遺物分析技術の進歩もあってその実態は次第に明らかになりつつある。今後も遺跡の発見、分析の進捗により、さらに解明が進むものと考えられ、今日の認識が改められる可能性もある。

・縄文文化は大きな共通性を持つが、地域により、時代により、その実態にはかなりの差がある。

・海面は２・５万年前頃の最寒冷期には現在より１２０ｍほど低くかったが、６５００年前頃には関東では現在より２ｍ以上（３～５ｍとも）高くなる（縄文海進）。間氷期の中で寒暖を繰り返していく。
・照葉樹林帯が関東、北陸まで北上拡大、東日本内陸部から東北日本、北海道南部にかけて温暖帯落葉広葉樹林が広がるようになる。北海道北部は針葉樹林である。
動物相もナウマンゾウ、オオツノシカが絶滅、ニホンシカ、イノシシが最も大型の動物となる。縄文人の狩猟対象はシカ（４割）、イノシシ（４割）が大宗で、タヌキ、ノウサギ、アナグマ、サルはそれぞれ数％と推定される。縄文海進により漁労が容易となった。
・縄文人の平均身長は男子１５９cm、女子１４８cm程度、15歳時の平均余命は男16・1歳、女16・３歳、30歳前後で没したと推定される。新生児、子供の死亡率は極めて高かったであろう。
体格は小振りで骨太で頑丈、下半身が発達した体形。大頭、大顔で寸づまりな顔立ち、上顎骨、下顎骨が発達していた。目の色は茶色、髪の毛はやや「くせ毛」とみられている。

縄文人の身体的特徴は中期までに形成され、以降、均一性が保たれ、大きな時期差、地域差は生じていないとされる。

ＢＣ10世紀以降の北九州に代表される渡来系の弥生人は、縄文人より身長が高く（平均男子１６３cm、女子１５０cm程度）、華奢な体形、のっぺりした顔立ち、顎が尖るという特徴があった。

縄文人と混血、今日の日本人の姿となっていく。

第３章　時代区分に応じた縄文社会の様相

1　草創期（1・5万〜1・15万年前頃）

旧石器時代から縄文時代への移行期である。

・1・5万年前頃から世界的に気温が上昇する。日本列島は針葉樹林主体から落葉広葉樹、照葉樹の森林へ変貌する時期で動植物相が変化する。栗、どんぐり等の植生が北へと拡大、鮭、鱒の回遊、遡上が進むが、1・27〜1・15万年前頃には寒冷期が戻り、食料事情は悪化、縄文文化の発展も止まる。

・土器は1・45万年前頃までは無文土器など出現期土器の時代、1・45〜1・27万年前頃隆起線文系土器の時代で出土数も多い。1・27〜1・15万年前　爪形文系土器の時代で出土数は少なく、ヤンガードリアス寒冷期の時代に相当する。この寒冷期末期に急激に気温が上昇する。土器は、煮炊き用、深鉢型、小型土器が主流であった。

・石器については、大型片刃石斧、大型石槍（突槍の穂先）、細見尖頭器・棒状尖頭器・

有茎尖頭器（投槍の穂先）、石鏃（矢尻）などが出現。石鏃以外の多くは短期間で消滅している。
・洞窟入口、横穴、竪穴住居に一定期間居住する定住居住が始まる。南九州、静岡、神奈川などの太平洋岸に遺跡が発見されている。
石皿、磨石が出土しており堅果類をすり潰したこと、鮭の捕獲の跡が分かる。
まだ、通年居住の定住集落形成には至っていない。
・1・6万年前頃、神子柴（長野県）・長者久保（青森県）遺跡で槍先形尖頭器、大型丸鑿形片刃石斧などの石器群が出土、石器については北方起源説（シベリア大陸）、列島自生説がある。

2　早期（1・15万～7000年前頃）

イ　早期の様相

・1・15万年前頃は現在より気温は2℃ほど低く、海水面も40m前後低く、瀬戸内海は陸化したままであった。早期後半から前期にかけて現在より温暖となった。
温暖期となり、食料事情は好転（植物性食糧、河川漁労）し、定住傾向もはっきりする。

撚糸系土器の時代となる。

・北海道を除き日本列島の大部分が落葉広葉樹林、照葉樹林となる。ドングリ、クリ、クルミ、トチなどの堅果類が主食となり、煮沸、粉末化、アク抜き、粉末を混ぜ合わせて調理するようになる。石皿、磨石、敲石《たたきいし》が堅果類の粉砕、調理に使用され、土器（大小、深鉢）が調理に使われた。

・狩猟には弓矢（１５０cm位の長弓、80cm位の短弓使用、漆塗り）、猟犬、落とし穴が使われる。槍は使われなくなる。

・遠浅で砂泥の浅瀬の入江が形成され魚貝類が食料源となり、貝塚が形成される。釣針、ヤス状の刺突具が出現する。

・関東、南九州で定住のための竪穴住居が出現、中央広場を囲む環状集落を形成する。９５００年前頃には土偶作りが始まったとみられている。

　定住は縄文文化の起爆剤となった。早期終頃、石を長方形に並べる石を使った記念物が現れ始める。

・約７３００年前、薩摩半島南方60kmの海底にある鬼界カルデラが大爆発し火山灰が降下、広範囲の集落（遺跡）が壊滅する。

□ 草創期　早期関連遺跡─小瀬ヶ沢洞窟、室谷洞窟遺跡（両者とも新潟県東蒲原郡阿賀町）

① 小瀬ヶ沢洞窟

縄文草創期から前期の遺物が多数出土している。

・隆起線文系土器─爪形文系土器─多縄文系土器（押圧縄文─回転縄文）と草創期からの時代の変遷を示す土器が出土する。

・石器は、狩猟具として尖頭器（石槍）・石鏃（矢尻　草創期に登場し、やがて狩猟具の主力となる）、加工具として石斧・掻器（皮なめし、ナイフとして使用）・石錐・石匙（携帯ナイフ）、調理具として磨石・敲石などが出土。石材は珪質凝灰岩、珪質頁石、鉄石英、安山岩などの地元産。

・骨器としては刺突具（材質は月の輪熊、カモシカが多い）。

・小野ヶ沢洞窟は石器製作の工房、石器流通の中継基地として機能していた可能性が高いとされる。

② 室谷洞窟

・下層　草創期後半の土器群が出土。石器は、狩猟具の尖頭器はなくなり石鏃（小型化し、石材は黒曜石、珪質凝灰岩が多い）となる、加工具の掻器、研磨が加えられた石斧が出土。
洞窟内生活が推測される。
・上層　早期から前期前半の縄文系土器、漁労用の石錘・木材伐採用磨製石斧・調理具の凹石などの石器出土。
在地の土器のほか、東北、関東地方の土器も出土しており、広範囲の地域間交流があったことを示している。

上層部の時代には狩猟活動用のベースキャンプ、墓地として使用されたと推測されている。
・洞窟からは人骨も出土（屈葬の成人女性など。早期、前期に埋葬されたと推測されている）。

3　前期（7000〜5500年前頃）

イ　前期の様相

・7200年前頃は気温が現在より2度C高く、海水面も3〜5mほど上昇、7000〜6000年前頃に温暖期のピークを迎える。
房総半島は海に囲まれた島、北海道釧路湿原は海水であった（縄文海進）。そうした環境から三陸から東海の太平洋沿岸地域は漁労が盛んで貝塚遺跡が多数存在する。中でも利根川流域から霞ケ浦にかけての地域、東京湾周辺地域で全国の貝塚の半分が発見されている。

・東日本で環状集落が著増する。関東平野の台地には大型環状集落が多数営まれた。平坦地と湧水に恵まれたことによる。東北、北陸では長方形の超大型住居（ロングハウス）が広がり、複数の家族が集住したとみられている。西日本では環状集落は少ない。

・木の実、きのこ、魚介など森、海の恵みは豊富となり、貝を茹で、干して干貝にする技術も生まれ、穴倉への食料貯蔵が行われる。

弓矢での狩猟、漁労では動物の骨や角で作った離れ銛と丸木舟によるトド、イルカ、マグロ漁、鹿の角の釣針によるタイ、ブリ、スズキ漁、網漁によるイワシ、アジの大量捕獲も行われる。

木を切る、加工用の磨製石器、土を掘るための石斧の利用により、リョクトウ（モヤシ）、カンピョウ、エゴマ栽培も行われたと推測される。

・土器は深鉢のほか浅鉢、台付鉢などが加わる。

・各地の生活は地域環境に適応し様々であった。

ロ　青森三内丸山遺跡の繁栄（5900～4200年前頃）。

長期間にわたり常時、20～30棟、数百人（人数については議論あり）が居住。大型堀立柱建物、６本柱（巨柱）構築物、竪穴住居、貯蔵穴、墓、ゴミ捨場などが出土している。環状構造の集落ではない。６本柱の巨柱は直径１ｍ程、１間×２間に整然と配置され、村落構成員の共同体意識の結節点、信仰の対象であったのではないかと推測されている。

ブナ、ミズナラ伐採、クリ（１０００年間維持）を始めとする堅果類樹木植栽、ヒエ、アサの栽培が確認され、エゴマ、ヒョウタン、ゴボウ、豆を食用とし栽培していた可能性も指摘されている。

動物骨はムササビ、ウサギが7割、大型獣は少ない。魚は、サバ、ブリが7割、他に、マダイ、カツオ、ヒラメ、ニシン、クジラ、イルカが出土、鳥類はガン、カモが中心。翡翠、琥珀、天然アスファルト、黒曜石も出土し、遠方との交流が認められる。

中期末から後期初頭に寒冷期が到来すると、衰退し、小集落に分解して周辺に散った。

ハ　東日本繁栄、西日本は低調

・関東ではサンマ、イワシの網漁の内湾漁業と水産加工が行われた。クリ、トチの実を主食とし、エゴマ、リョクトウ、ウリなどが食用とされた。

長野、岐阜などの中部高地ではクリ、トチ、エゴマ、リョクトウ、イモが食用とされる。東日本は落葉広葉樹林で落葉するので林床植物（ワラビ、ゼンマイ、フキ、クズ、ヤマイモ、キノコなど）に恵まれた。

・西日本は照葉樹林帯で落葉しないため林床植物が育たず、平坦・湧水地も少ない。人口定着が少なく、大きな集落は見当らない。

4　中期（5500～4400年前頃）

イ　中期の様相

・甲信越、北陸、関東、東北南部を中心に縄文土器のピークを迎える。新潟を中心とする北陸地方の馬高式火炎土器、中部・関東地方の勝坂式土器に代表される物語性ある装飾文様、造形的にも優れた土器がつくられた。深鉢で文様は複雑、華麗、波打ち強調、波頭が派手で、地域ごとに個性を持った。煮炊きに用いられた。

・派手な土器を作り出した関東・甲信越・東北南部の地域に環状集落が発達する。

・西日本は人口が少なく、土器の文様も控えめであった。

・前期から中期にかけて食料を中心とする物資流通のネットワークができていく。

ロ　和台遺跡（福島県飯野町）

・縄文中期末葉から後期前葉初頭に栄えた阿武隈川沿岸の台地上の遺跡。盛期には30棟前後の竪穴住居の集落。馬蹄形に近い集落で東北には珍しいとされる。中央に直径25ｍの広場（墓域かは不明）、広場を囲んで直径60ｍのドーナッツ状に建物がある。内測に掘立柱建物（貯蔵施設と思われる）、外側に竪穴住居がある。竪穴住居は、奥側に段差がありベッドか祭壇（屋内で石棒（男性シンボル）を祭る風習あり）とみられる。床面に炉、埋甕、貯蔵穴、外に落とし穴がある。

・複式炉出土で有名（福島県内に多く、東北北部、北陸でも出土）。複式炉とは、前庭部、石組部、土器埋設部の構造の炉。石組部で火を使用、食料の煮炊きや灰、熾《お》きを作る。土器埋設部については、火種保存、あく抜き用灰の一時保存、熾きによる焼肉・蒸し焼き、堅果類を主原料とするパン焼き施設など様々な見方がある。

・狩猟文様土器、人体文様土器など出土。

・剥片石器（石鏃、石錐、石匙など、珪質頁岩製で石材は山形県寒河江周辺から搬入）、磨石・敲石・石皿類（いずれも在地の石材使用）、土偶（壊すことに意味のある安産祈願のお守りか）、石棒（祭祀用）など出土。

福島盆地から山間部に向けての情報、物資の経由、中継基地であったとみられている。

５　後期（４４００〜３２００年前頃）

イ　後期の様相

・７０００〜６０００年前頃に温暖期のピークを迎え、４５００年前頃に寒冷化に向かう。世界的にもこの寒冷化が4大文明発生の因になったとされる。集落は小規模化（10〜20人）する。食料の収穫量や分布の変化により多人数での暮らしが従来通りにいかなくなった環境変化に応じた動きと考えられている。

寒冷化、植生変化で東日本から西日本へ人口移動、西日本の人口が増加したとみられている。近畿、瀬戸内、中国地方の山間部、山陰、九州にも定住跡、大きな貝塚が出現する。文化も東から西へ長い期間をかけて伝播していく。

中期には東日本と西日本の人口比は30対1であったが、後期には5対1になったとの推計もある。

・４０００年前頃には九州、瀬戸内中心に穀物、豆が栽培された可能性が高い。簡単な什器を用いる生活も広まる。

・土器は、火炎土器は影を潜め、磨消縄文《すりけし》（全面に縄文をつけてからヘラで線を引き、線の外側の文様を磨り消す）となる。文様をつけた精製土器（1〜3割、浅い鉢、皿、注口土器など）、粗製土器（7〜9割、煮炊きの日常調理に使用の深鉢）が製造、利用された。

こうした動きは北海道から九州まで広い範囲で認められる。
・土偶が多様化（人間離れしたもの出現）し、儀礼、祭祀に使用された。土製の仮面も出現。
実用でない石棒、石剣、石刀などが現れ、集落内の個人間の格差が推察されている。

ロ　秋田県大湯の環状列石遺跡（万座、野中堂遺跡）

秋田県大湯環状列石は４５００~４０００年前頃に数百年かけて多くの人々により作られたとみられる。

中心部を組石の小さな輪と大きな輪が二重に取りまく（出入口あり）。組石の輪は万座が径48m、野中堂が径42m。組石の下には土坑があり、墓とみられているが、人骨、副葬品は発見されていない。輪の間に日時計のようなものが何基か作られている。日時計説、天体観測所説、太陽崇拝の祭祀場説などがある。

その外側を掘立柱建物、フラスコ状土坑が囲んでいる。墓地を囲む環状集落形態であるが、掘立柱建物は、炉跡がなく、柱穴、柱が大規模であることから祭祀に関わる施設とみられている。竪穴住居跡は極めて少なく、祭祀を司る者ないし施設を管理する者の住居とみられる。

野中堂環状列石中心から万座環状列石中心を望むラインは夏至の日の日没ラインとほぼ一致する。周到な設計と施工が考えられる。
・数百年かけて多数の人々が作り上げたとみられる施設であるが、その人々がどこに居住する人たちであったのか、万座と野中堂の２つの遺跡に分かれたのはなぜか、分かれたのはどういう人たちなのかは、現在のところ、不明である。寒冷期を迎えて大きな集落は解体するが、そこの住人たちが一族の結束の証として残したとも推測されている。
・環状列石は後期から晩期前半まで東日本で盛行した。
岩手県二戸郡一戸張の御所野遺跡には中期中頃から末に作られた環状列石がある。北秋田市の伊勢堂岱遺跡、青森市郊外の小牧野にも環状列石がある。

ハ　その他の墓跡

・３５００年前頃に北海道では周堤墓（土手を作り、内側を掘り下げた墓地、副葬品が多い）がある。千歳市の木臼２号周堤墓は、高さ２・６ｍ、外径75ｍの円形、北北東に土手の切れ目があり、土手の内側、土手上に墓穴がある。
同じ頃、関東でも同じような堤状盛土（径１００ｍ以上の円形土手を作り、中を掘り下げたもの、貝塚と同様に使用され、人の埋葬にも使われた）がある。栃木県小山市の寺野東遺跡は外径１６５ｍの円形の土手となっている。

・貝塚は、馬蹄形や一方に切れ目のある円形が多く、遺体埋葬にも使用されている。

6　晩期（3200～2400年前頃）

・北九州に朝鮮半島から人と共に水田稲耕作技術が伝来。水田稲作は東へと伝播、縄文、弥生併存の時代を迎える。

・水稲農耕は中国の長江中、下流域に発生、山東半島を経てＢＣ１０００年頃に朝鮮半島に伝わり、朝鮮半島から日本にもたらされた。ＢＣ１０００年頃の中国は殷から周に政権交代の時代で、その影響で山東半島やその周辺の集団が朝鮮半島に移り、それが半島の緊張を生み、半島の人々が日本に渡来したとの見解、ＢＣ１０００年頃は世界的寒冷化の時期にあり、それが朝鮮半島から日本列島への人の移動の契機となったとの見解もある。

・西日本には黒色磨研土器、東日本には亀ヶ岡式土器に象徴される文化があった。

・水稲農耕を基礎とした弥生時代が九州、四国、本州に始まるが、稲作に不適の北海道、琉球諸島では縄文時代以来の生業、生活を改良し独自の途を歩む。北海道は続縄文文化、琉球は後期貝塚文化と呼ばれ、アイヌ文化、琉球王国の礎となる。

第４章　縄文社会の様々な側面

縄文時代は１万年余続く日本で一番長い時代である。狩猟採集の原始社会のイメージがあるが、そこには狩猟採集技術の進歩、集落形成と祭祀、自然環境の変化との関係などの歴史がある。縄文の人々の社会の各般につき述べる。

１　縄文人の生活の基本

・縄文時代は狩猟、植物採集、漁労活動を生業とする狩猟採集社会で、自然の食物の増殖率の範囲内であれば人口が増加しても食料確保が可能だが、それを超える人口増加があれば食料不足となり、人口は頭打ち、減少する。食料事情は自然環境の変化（寒冷化、温暖化）で変わる。従って、自然環境如何で縄文の人々の生活の消長も変わる世界であった。

・世界４大文明が発祥したのは日本の縄文時代後半である。

大河とその氾濫で造成された肥沃の台地に農耕（麦主体）し、世界初の都市文明が生まれた。牧畜も盛んとなった。

日本の縄文時代に農業が起こらなかったのは、４大文明のような広大な肥沃地に恵まれなかったこと、日本は火山灰土壌で畑作物に必要なリン酸が少なく、雨量が多いため塩基が流失、酸性土壌となること、加えて、多雨で雑草が繁茂、除草が大変であったことによるとされる。また、牛馬がなく、広大な採草放牧地も少なく、牧畜も生業とはならなかった。

2　食生活

・縄文時代は、木の実類（クリ、カシ・トチ（煮沸、あく抜き、すり潰して食用））が主要なカロリー源となり、弓矢と猟犬（柴犬位の大きさ、早期末には犬の埋葬事例が確認されている）による狩猟（イノシシ、シカなど）、漁労（サケ、マスなど）により食糧の確保、定住生活の持続が可能となった。貝塚は人々が定住生活を送った証である。

・クリは食料、木材用として集中的に栽培されている（三内丸山遺跡の6本柱の大型堀立柱は栗材）。

・早期にはアサ・ヒョウタン・エゴマ・シソ、前期はツルマメ（野生大豆）、ヤマツルアズキ（野生小豆）、中期　ダイズ、アズキを食用としている。採集植物が主、栽培植物は従であった。ウルシの栽培も行われた。

3　各地の様相

・竪穴住居、石皿・磨石など縄文文化を示すアイテムは、１・５万年前頃、早く温暖化した九州南部に始まり、６０００~７０００年ほどかけて本州を北上していったとされる。生態系の違いから北海道、沖縄の縄文時代入りはかなり遅れ、その後も独自の途を辿る。

・生活様式は東北、中部日本、西日本・四国、九州と自然状況、人口密度（東高西低）を反映して相違がある。

縄文中期の中部日本（甲信越、北陸、関東、東海）では派手な装飾文様の土器が隆盛となった。新潟県信濃川流域に見られる火炎土器などは著名である。

4　道具の発展

イ　土器

縄文土器は粘土を縄のようにしてそれを積み上げて作る（弥生土器も同様）。前期はもっぱら煮炊き用具で深鉢。中期は貯蔵用、酒醸造用、注器、食器飲器ができ、火炎土器などの文様も作られた。土器の使用により、野生の木の実、球根、山芋、里芋などから澱粉を晒して作り、食用、保存用とすることができた。

ロ　石器

・打製石斧　長い棒状の柄をつけ土堀道具として、山芋などの根茎類堀り、貯蔵穴・落とし穴堀りに使用。

・石皿・磨石・敲石　トチ、ドングリなどの堅果類、クズ、ワラビなどの根茎類の製粉化に使用。粉はアク抜きし、数種を練り合わせ加工食品を作った。

・磨製石斧　木材の伐採、加工具。早期から使用、大型のものは前期後半から使用された。仕上げには黒曜石、サヌカイト、硬質頁岩が使用された。

ハ　木器など

・木器　木材をくり抜いて作る刳物を食器（皿、鉢、椀、大皿、杓子、水差しなど）に使用。早期から使用されるが、時期を追って種類が豊富になる。用材を選んでいる。

・籠、笊　縄文の早い時期から使用。材料は木本植物を割り裂いたヒゴと蔓植物で作った。タケ、ササ使用は前期以降。

・漆塗　土器、石器に漆塗。前期には漆塗り技術は完成していた。

ニ　漁労具

・釣針　早期に大小の釣針、中期後半以降には10㎝以上の釣針。
・ヤス、銛　ヤスは早期初頭から、銛は中期後半以降に外洋漁業で使用。
・漁錘（漁網の重り）　早期以降出土。

ホ　不足物資の相互交換

黒曜石（産出先は長野県霧ケ峰から八ヶ岳一帯、伊豆の神津島）、ヒスイ（新潟県西頚城地方の姫川、青海川）、アスファルト（新潟、秋田）、塩（海水を土器で煮沸して製造）、蛤・牡蠣の加工物（武蔵野中里貝塚など）、土器製造用の良質粘土による土器（東京多摩タウンの遺跡など）など集落の不足物資の相互交換が行われた。

5　竪穴住居、集落の形成

イ　竪穴住居

竪穴住居は面積20㎡程度、独立した生活の機能を持つ。床面を浅く堀りくぼめた炉（石囲炉、埋甕炉、双方の組み合わせ炉など）は調理、暖房、室内照明に機能。住居内に主要食糧の堅果類を保管している。

ロ　集落、村落、祭祀の始まり

・住居の構成員は単婚家族。複数の家族＝親族が集まって一つの集落を形成した。集落の間は相当距離を離すことを原則としていたとみられる。植物食料、燃料、建築資材など自分達の生活に必要な物資を保障する生活圏であった。

・狩猟などは集落を越え共同で行われ、狩猟の入会権（20～30㎢）は集落より上位の社会的組織（村落）に帰属した。

・婚姻は集落外婚が行われ、村落がその範囲であったとされる。村落は祖先を共通にする血縁的結びつきの氏族共同体であったとみられている。

・定住生活が始まると世代を超えて領域の資源など様々な財産が生まれ、それを承継する目的で祖先祭祀が成立。後期、晩期の寒冷期に対処するため社会統制を強める役割を担った。

多人数の人骨の複葬、骨になった人骨の再葬の合葬が行われた。

ハ　環状集落

・縄文時代の代表的集落形態として環状集落が前期に出現、後期まで続いた。祖先祭祀の発達と密接な結びつきを持っている。

中期には東日本各地の大型遺跡の多くは環状となる。中心部に墓、その外側に大きな建物（祭祀用と見られる）、竪穴住居（集落内に２～４の異なる型式の住居が存在（複数の部族）するようになる）、貯蔵施設の順に配置され、墓に葬られた人々を自らの祖先と認識した。墓の副葬品には個人差があり、個人の社会的差異は認められており、序列と平等が併存したとされる。

集落形態は地域ごとに環状集落とは限らず様々なものがあった。西日本では環状集落はみられない。

・中期末から後期初にかけて気候の冷涼化が生じ、大集落は解体、小規模集落に変化、環状集落の代わりに環状列石を作り、複数の集落が共同して葬送、儀礼を営み、それを通して氏族の結束、村落の維持を図ったともみられている。

・後期、晩期に気候が温かくなると再び大集落が形成された。その際に、集団を再統合する儀礼として死者を集中墓所に移し、再葬が行われたとみられている。

6　リーダー、祭祀者の出現

・縄文社会の組織原理で重要なのは血縁関係、同族意識で、出自や血縁関係意識で村落社会は成り立っていた。集団墓造営とそこでの儀式を通じて集団の統合が図られていた。

前期、中期、後期と経過するうちにいくつかの同族的集団の統合が行われるようになる。
・村落のリーダーあるいは霊能者として働き、敬われた者の墓には装身具や副葬品が埋納されるようになるが、墓は共同墓地の中にあり別扱いの墓とはなっていない。社会が階層化したというには不十分であった。
・集落統合、指導者層の出現は、前期の海進期に本格化し、中期にピークを迎えた人口増加が要因となった可能性がある。集団の存続に不可欠な領域の継承や規制の必要の中で部族社会を秩序づけが強まったことによるとみられている。
・縄文社会には武器、防具、防御施設はない。集落、村落の財産、領域が侵されることがあれば防衛のための争いはあったであろうが、それは突発的なもので戦争までには発展しなかったとされる。

7　祭祀など

イ　土偶

・女性を象《かたど》った土偶が草創期に出現し、早期以降、多くなる。土偶は成立当初から成熟した女性表現を重視し、出産、育児に関わる表現が多い。中期以降は顔の表情や立体的表現が現れる。後期、晩期には女性表現、ミステリアスな風貌のものが増え、仮面をつけた土偶が現れるなど土偶の性格が変化していく。

男性を表現した土偶は極めて少ない。墓に伴って出土する土偶も極めて少ない。副葬品としての土偶は皆無に近い。

大半の土偶は割れた状態で出土することから、人の病気、傷害の回復を祈った、あるいは、妊娠を思わせる表現が多いことから安産祈願などの呪具ともみられる。
・長野県茅野市棚畑遺跡出土の「縄文のビーナス」は集落の中央広場に安置された状態で無傷で出土しており、集団の安寧、繁栄、豊穣を祈願した信仰など、呪術、信仰、祭祀に関わるものであったとされる。
ハート形の顔、三角形の頭、ミミズクに似た顔を持つ土偶、遮光器土偶（ヘラ描の文様）など人間離れした、超自然的存在が作り出される。

（弥生時代には男女一対の土偶があり、また、壺形土器の口縁部に顔の装飾のついた顔壺や木偶が現れる）

ロ　石棒

石を打ち欠いて棒状にして磨いたもので、男性性器の形象。亀頭部分を膨らませて強調している。土偶より5千年ほど遅れて出現した。

・前期の東日本に出現（小型）し、中期には大型化、表現もリアルとなるが、後期には小型化、晩期には断面が円形から扁平になり、刀剣を模したように変化した。
・大型のものは集落の共同祭祀に使われとされ、小型のものは墓坑埋葬例が多い。

ハ　装身具

土器製の耳飾りは縄文時代の代表的な装身具。髪飾りには赤漆塗りの木製櫛、貝製の腕飾り、鹿の角製の腰飾り、硬玉・琥珀・滑石・貝殻の胸飾りなどが出土している。

ニ　大人と子供、通過儀礼

大人と子供（16歳位まで）の区別があり、各種の通過儀礼（抜歯、入れ墨、耳飾り）が行われた。
・抜歯習俗（男女とも）は、後期中頃以降飛躍的に施行率が高くなる。上顎左右の犬歯は成人抜歯、下顎の切歯と犬歯は婚姻抜歯、下顎の第1小臼歯は近親者の死に対する服喪抜歯とみる見解がある。
・縄文時代の入れ墨は男女共通の通過儀礼であった。弥生時代に続くが男子のみの通過儀礼となり、弥生中期以降は衰退。2世紀末から3世紀に男子の入れ墨が複雑化する。戦の戦士の仲間入りの意、ないし海に潜る人の避邪とみられている。

ホ　祖先祭祀

縄文時代の葬送は、死亡すると儀礼の後、土葬され、後に、掘起こし焼骨、配石墓へ移された。年月を経て多人数の焼人骨を収めた再葬墓が営まれたとされる。

なお、縄文時代の人骨からは結核の病変は見つかっていない。弥生時代に大陸から稲作とともに伝播したのではないかとみられている。

へ　犬など

・犬の祖先は狼。犬は狩猟の良き助手であった。

縄文犬は小型から中小型で東南アジア犬の遺伝子を持つ。発見されている最古の犬は9400年ほど前のもので埋葬されている。

弥生時代に入ると朝鮮半島から新種の犬が入り、列島内で縄文犬と混血して現在の日本犬となった。弥生時代に犬を葬った形跡はなく、殺して食したともされる。

北海道犬と琉球犬は縄文犬の遺伝子に近い。

・鶏は弥生中期に入ったが、食肉用となったのは江戸時代。牛馬は5世紀以降に朝鮮半島から入った。猫は奈良末、平安時代に中国から入った。豚は弥生初期に朝鮮半島から入り飼育されたが、その後、継続して飼育されなかった。

第5章　言語学からみた日本人の起源

・縄文人はどのような言葉を話したのであろうか。

言語については、言語そのものを丸ごとで考えるアプローチと文法を言語の根幹とみるアプローチがある。

文法的（主語―目的語―述語の語順を「てにをは」の助詞で結ぶ）には日本語はアルタイ系（トルコ、蒙古、朝鮮語（今日の韓国語と百済、新羅、任那時代の韓国語とは大分異なるとされる）など）であるが、単語レベルでは日本語には外来語が多い。オーストロネシア系（南インドネシアなど太平洋諸島の言語）の古語が入っている。

列島に北方系、南方系の人々が何波にもわたり進入、攪拌された結果とされる。

日本列島の言葉は縄文時代から基本は列島で共通しており、稲作伝来の時には稲作技術とともに言語も伝来、倭大王の全国統一とともに言語も整っていったとされる。

・日本は、ユーラシア諸族の言語の辺境、漢字文化圏の辺境にあり、古層の言語が残っている側面があると同時に、様々なものが融合し独自の文化（仮名文字など）を作った。
・食糧起源神話に着目すると、芋栽培の神話（オーストロネシア系）に始まり、ひえ栽培の神話、稲栽培神話と変化、変形していったとされる。
記紀神話は天上他界、垂直他界、山上他界系神話で、人は死ねば高いところへ行くとされるが、オーストロネシア語族では水平他界、海上他界で、人は死ねば海の彼方に行くとする。
・古代の日本には文字がなかった。日本語の文字での表現は5世紀頃に中国の漢字が国内に広まったことで始まる。
「日本語を漢文で記す、訓読漢文使用、漢字の音で日本語を記す」から始まり、万葉仮名の漢字をもとにヘンやツクリの一部をとって片仮名、そして、平仮名の発明となった。

第3部

弥生時代

第１章　弥生時代の始まり

1　弥生時代の定義

１８８４年（明治17年）、東京都文京区本郷台東縁の台地にある向ヶ丘貝塚ないし弥生町遺跡で縄文土器と異なる土器が発見され弥生式土器と名付けられ、弥生時代として一つの時代区分が認識されるようになった。当時は使用土器を時代区分の指標としていた（弥生前期に西日本一帯に広まる遠賀川式土器は著名）。

１９７０年代になると、縄文土器が出土する水田が見つかり、時代変遷の指標を弥生式土器から水田稲作に求める動きが始まる。

現在では、弥生時代とは水田稲作の時代、「日本で食料生産を基礎とする生活が開始された時代」と定義、弥生時代の土器を弥生土器と呼ぶ。

2　弥生時代の始まり

弥生時代は水田稲作農業、環濠集落、武器と戦が代表指標とされる。ＢＣ10世紀に朝鮮半島から渡来の人々（弥生前期末から中期初頭（時代区分は後述）に、朝鮮半島系の無紋土器が多数ある遺跡が増加しており、数次にわたる渡来の可能性があるとされる）とともに日本列島にもたらされた。他方、朝鮮半島の遺跡遺物などから縄文時代に列島の人々が半島に渡り居住していたことも確実とされる。

イ　水田稲作の始まり

・九州北部玄界灘沿岸地域の福岡、早良平野の河川下流域に広がる縄文人が住まない低湿地に、紀元前10世後半頃、朝鮮半島からの人々による灌漑式水田耕作が始まった（板付、那珂、雀居（ささい）遺跡など）。

・板付遺跡に水田稲作民が現れたのは紀元前10世紀後半。遺跡からは、朝鮮土器、大陸系磨製石器、木製農具が出土しており、彼らが半島からの渡来人であったことを示している。上、中流域には縄文遺跡があり、縄文人との住み分けがあったと想定される。

円形の竪穴住居、堀立柱建物、周溝遺跡（家畜飼養のためと推測される）、墓坑、種籾土器を入れる貯蔵穴などが発掘されている。円形の竪穴住居は朝鮮半島南部タイプのものとされる。水田は50ｍ間隔で堰を設け、水を水田に引き込む給排水型の乾田、区画は大きく、畦は土盛りで補強の矢板で支えられている。

ロ　環濠集落の始まり

板付遺跡で水田稲作が始まってから１００年ほどを経た板付近くの那珂遺跡は、環濠集落となる。堀は円形で二重、内堀は断面逆台形、外堀は断面Ｖ字形、外堀の径は約１５０ｍ、深さ約２ｍ、幅約５～６ｍ。

ハ　戦争の始まり

ＢＣ９世紀後半からＢＣ８世紀初頭には早良・福岡平野の遺跡数が急増する。ＢＣ７世紀には環濠集落がいくつも成立、水田稲作民同士の可耕地を巡る戦が始まったとされる。

第２章　弥生時代の時代区分

１　弥生時代区分

水田稲作、環濠集落、武器をもたらした半島渡来の弥生文化は、北九州を始点とし数百年かけて日本各地に伝播していった。ＢＣ４世紀以降の青銅器、鉄器の伝幡と同様である。

弥生時代はＢＣ10世紀からＡＤ３世紀中頃の古墳時代の始まる前の卑弥呼の時代までとさ

れる。従前は、ＢＣ５～４世紀頃に始まるという説が主流であったが、国立歴史博物館が、遺物の炭素時代測定により、始まりはＢＣ10世紀に遡るとし、現在、主流となっている。終期については、前方後円墳築造を象徴とする古墳時代の始まる前まで（３世紀中頃）とすることで異論はない。

・国立歴史博物館の時代区分は以下の通りである。

ⅰ　弥生早期　ＢＣ10世紀に始まる。

ⅱ　弥生前期　ＢＣ８００～ＢＣ４００年頃まで。鉄器使用開始は前期末、水田稲作が始まって約６００年後。

ⅲ　弥生中期　ＢＣ４００～ＡＤ50年頃まで。ＢＣ２世紀には九州北部で石器から鉄器への転換が進み、鍛造鉄で作られた打鍬と呼ばれる開墾具が発達、ＢＣ１世紀には石包丁を除いてほぼ鉄器化する。九州北部では、ＢＣ10～ＢＣ５世紀頃が石器時代、ＢＣ４～ＢＣ２世紀頃が初期鉄器時代、ＢＣ２世紀以降は鉄器時代と推移する。

ⅳ　弥生後期　ＡＤ50年～３世紀中葉まで。

・紀元前５世紀弥生時代開始説では、早期はＢＣ５世紀中頃から、前期はＢＣ３世紀から、中期はＢＣ１世紀から、後期はＡＤ１世紀中頃から３世紀中頃までとする。

2　時代測定について

・炭素14年代測定法が１９６０年代に考古学の世界に導入された。炭素14は放射線を出しながら窒素14に変わっていくが（放射壊変）、壊変する速度が一定している。この性質、すなわち、遺物に残る炭素含有物を年代測定に活用、遺物の年代測定が可能となった。ただし、この測定は過去の大気中の炭素14濃度が一定であることを前提としているが、太陽の活動や地球の磁場の変化で変動する。それを年輪年代法などで補正する方法も確立している。

・弥生時代も文字資料の存在しない時代である。新たな遺跡の発見、発掘による遺物の出土、その分析により歴史見解が修正され進展していく。分析技術も進歩する。現在の普遍的見解も今後、修正されていく可能性もある。

第３章　水田稲作の伝播

1　水田稲作の伝来

・稲（ジャポニカ）の起源地は長江中、下流域で8千万年前頃の遺跡がある。水田稲作

（温帯ジャポニカ）は、３０００年前頃、朝鮮半島から日本へ伝わり、弥生時代の始まりとなった（江南から直接伝播見解、南西諸島経由稲作伝播見解、縄文時代に熱帯ジャポニカが伝わり焼き畑栽培されたとの見解もある）。

・既述のように、水田稲作が九州北部で始まったのはＢＣ10世紀後半とみられ、最初に始まったのは福岡市早良、福岡平野である。ＢＣ８世紀には有田遺跡、板付遺跡に収斂していったが、縄文集落と併存し、住み分けていた。ＢＣ７世紀に入ると福岡、早良平野の河川中流域の集落も稲作農耕民化し、住み分け状態はなくなる。稲作出現からおよそ３００年を要している。

2　各地への伝播

・水田稲作は、稲作民の隣接する地域との恒常的接触交流による隣接地域への伝播の連鎖ないし住民不在の地への移住により進んだ。
・九州南部、西瀬戸内の水田稲作はＢＣ８～ＢＣ７世紀頃に始まる。
・近畿では、ＢＣ７世紀頃に神戸・大阪地域に水田稲作が伝わる。
　古河内潟の三角州堆積地で水田稲作が始まる。出土土器から香川からの水田稲作民の移住が想定されている。彼らは縄文集落と交流しながら水田稲作を行ったと考えられている。

そうした状態が１００～１５０年程続く中で両者の同化、融合が進んでいったと考えられ、ＢＣ６世紀には大阪平野の中核となる定住型集落、大規模な水路を備えた水田が出現する。

ＢＣ６世紀に奈良盆地、ＢＣ６～ＢＣ５世紀後半に伊勢湾沿岸地域で水田稲作が始まる。

・中部、関東ではＢＣ３世紀中頃に水田稲作が始まる。

・日本海測は一気に北上、ＢＣ４世紀前葉に青森県弘前地域の砂沢遺跡（短期で終わったとみられる）、ＢＣ3世紀の田舎館村垂柳遺跡（４０００㎡、ＢＣ1世紀前葉、降水量増加と低温化で放棄された）に水田稲作がみられる。

紀元後には新潟県村上市元山遺跡に到達する（藤尾慎一郎氏資料）。

3　稲作の姿

・弥生時代の栽培稲は温帯ジャポニカが中心であったが、熱帯ジャポニカ、インディカ型も混ざっていた。小区画水田が大半。田植、収穫は石包丁で穂先を摘み取り、高床倉庫に穂や籾で貯蔵、堅臼と堅杵で脱穀した。収穫量は1反（10ａ）当たり60kgから１００kg程度。米では必要食糧を賄えず、ムギ、ヒエ、アワなど雑穀と雑炊にした。マメやレンコン、ウリ、スイカ、モモ、アンズなどのほか、どんぐりも食べたとみられている。家畜はウマ、ウシはなく、トリ、ブタはいたとされる。

4　土器

・弥生時代を代表する遠賀川式土器（福岡県中央部）は北部九州から西日本一帯、太平洋側では愛知県西部、日本海側では丹後半島付近まで広がっている。青森、秋田、山形でも発見されている。

・東海西部地域では条痕文土器が生み出され、中部高地、北関東など東日本に広まっており、東海西部の人たちが東日本の稲作伝播に大きな役割を果したとみられる。

第４章　鉄器、青銅器の伝来と普及、弥生土器

日本では青銅器と鉄器はほぼ同じ時期に大陸から伝来、併用された。鉄器の普及は農業の展開、社会構造に大きな変化をもたらした。青銅器（銅に錫を加えた合金）は主として祭祀に影響を与えたが、社会に与えた影響は鉄器に比べれば小さい。

１　鉄器の伝来と普及

イ　中国、朝鮮半島での鉄器出現、普及

・中国の鉄は、ＢＣ２千年代前半の商ないしＢＣ２千年紀後半の殷中期に隕石に含まれる鉄分（隕鉄）を鍛成した鉄器に始まる。しかし、銅戈など儀器としての性格を持つ青銅器製武器のパーツとして使われたにすぎず（中原の狭い地域に僅かにみられた）利器の中心は青銅器であった。西周後期（ＢＣ９〜８世紀）になると鉄鉱石、砂鉄を原料とした鉄（塊練鉄）の生産が始まる。鍛造（８００度に原材加熱、ハンマーで叩き製品化）、鋳造（１５００度で素材を溶かして鋳型に流し込む）の２法が行われた。朝鮮半島ではＢＣ３〜１世紀、日本列島では６世紀になって製鉄が行えるようになった。

・中国で鋼製（鋳造鉄器）の農具、工具が利器の中心となるのはＢＣ５世紀前後の春秋晩期から戦国早期にかけての燕、韓、楚の地域で、戦国中、晩期（ＢＣ４〜３世紀）には趙、斉、魏、秦に鉄器が広がる。ＢＣ４世紀には鉄製武器も広まる。ＢＣ４世紀には朝鮮半島南部にも鉄器が出現する。

ロ　日本への鉄器伝来と普及

・可鍛鋳鉄が日本列島（九州北部）に入るのはＢＣ４世紀とされる。中国東北部から鋳造

鉄斧がもたらされた。

・鉄器は、当初は、鋳造鉄斧の破片を石で擦って刃を作り、木製品の細部加工のための刀子や手斧《ちょうな》、鑿《のみ》、鏃（矢尻）などに用いられるにとどまり、磨製石器の補助的な役割に過ぎなかった。武器、樹木伐採や耕作用の斧、鋤、鍬などの鉄の利器の登場はＢＣ２世紀後半（九州北部）で、それまでは磨製石器が優位であった。西から東へと弥生社会に普及、１世紀には全国的に石器消滅、鉄器に置き換わる。

弥生時代の前半６００年は石器時代、３００年は金石併用時代、最後の３００年は鉄器時代となる。

・鉄は朝鮮半島東南部の弁辰（後の伽耶）から「鉄鋌」の形で入手、入手の担い手は末盧《まつら》、伊都、奴国などの北九州勢力であった。

「鉄鋌」は市での売買の貨幣の役割を果たしたとみられる。

４世紀に鞴《ふいご》が導入され、６世紀後半に製鉄が始まる。使用から製鉄開始まで約１０００年を要した。

2　青銅器の伝来と普及

・朝鮮半島南部から日本に青銅器（銅剣、銅矛、銅戈など）がもたらされたのは鉄器と同じＢＣ４世紀とされる。実用的なものから祭器、礼器、威信財、個人墓の副葬品に転化する。

・銅鏡、銅矛・銅戈は北九州を中心に四国西半分、銅剣は瀬戸内中部を中心に分布、近畿では銅鐸が主となる。

製造原料は朝鮮半島西部、中国黄河中流域から入手した。

・銅鐸は半島から馬につける小銅鐸が伝来、ＢＣ２世紀終わり頃から近畿地方中心に生産され、音を奏でる祭具として水稲耕作の豊穣を祈るために使われ、１世紀末頃から急速に大型化し、「聞く銅鐸」から「見る銅鐸」となったとされる。近畿を中心に中国、四国の東半部から中部地方の西半部に分布。集団に帰属、集落ないし集落群で保有、丁寧に埋納保存された。古墳時代が始まると姿を消す。

・ガラスも弥生時代に登場。青銅器職人がガラス職人を兼ねたとみられる。原料は半島、中国から輸入。

3　祭祀の萌芽

・弥生前期に大阪湾沿岸で方形周溝墓が成立する。周囲を方形の溝で区画し、遺体を木棺に納めて区画内に埋葬した。副葬品を伴い、飲食供食を伴う死者への祭祀、祖霊信仰である。祖先から遺産（灌漑用水を備えた水田）を引き継ぐ儀礼であり、遺体の対応を誤ると祟る霊の存在が意識されたとみられている。

・中期後半には西国では区画内に土を盛り上げる墳丘墓に発展、祭器として銅剣、銅矛が定着、後期には墳丘墓は大型化しつつ受け継がれる。

・東国（東北、関東）では、縄文晩期から弥生中期にかけては、壺棺再葬墓が営まれる。一度葬った遺体を取り出し、遺骨のみを壺に納めて再び葬るものであった。弥生中期には方形周溝墓を受け入れていく。

4　弥生時代の土器

BC2世紀頃までの中国、四国、近畿、伊勢湾沿岸にかけての地域では、ヘラや櫛、粘土の帯で土器を飾り、その手法や文様には各地の特色が色濃く表されていた。

BC1世紀に入ると凹線文が多用される。凹線文とは皮や布を丸めたものか、それを巻き付けたヘラや指先を表面に強く当てながら土器を回転させることで浅い溝状の線を描く文である。

紀元前後には何本もの凹線文で面を埋める土器が分布を広げる。

AD1世紀になると瀬戸内や近畿を中心に文様のほとんどない土器（無紋土器）が大勢

となる。什器として合理的な道具となった。

5　弥生時代の墓の変化

高倉洋彰氏は北部九州の首長弥生墓を特徴的な遺跡の名を冠して次のように分類する。

i　伯玄社タイプ　弥生前期。小児墓を伴い、群構成が顕著でなく、副葬品は土器、磨製石鏃、磨製石器程度。

ii　汲田タイプ　中期初頭に現れる。群構成をとり、一部に青銅器の副葬がみられる。

iii　立岩タイプ　中期後半に現れる。群構成がなく、ほとんどの男性墓は中国鏡など青銅器や鉄器の副葬品を持つ。

その後の調査で、中期初頭の福岡市吉武高木遺跡は首長制社会の存在を示唆、大陸に起源をもつとされる。

iv　宮の前タイプ　後期後半。封土を伴う場合があり、墳丘の中心に盟主的有力者を埋葬、裾に近親者を葬る。

その後の調査で、墳丘上の甕棺墓を複数の甕棺墓が取り巻く吉野ヶ里遺跡墳丘墓が中期前半に成立していることが明らかになっている。

以上のタイプの変化は、格差のない家族墓から等質的でない共同体的段階、特定集団の段階、特定個人の段階といった古墳時代へ向けての階級関係の固定化を表しているとする。

第４部

各地に生まれた国の姿

第１章　各地に国が出現

１　各地の国

イ　国の出現

・弥生中期には環濠集落が増加、規模も大きくなる。

水田稲作に不可欠な灌漑施設の設置と維持には集落同士の協力が欠かせない。そこから集落の統合が進む。

ＢＣ４世紀頃には、複数の集落を統括する集落、指導者が出現する。

大環濠集落には多くの人々が集住（大半は農耕民）、その中心には大型の平地式建物（指導者の住居）や高床式建物（倉庫、祭祀場）が作られ、手工業の工房地区も備える。

塩、石器原材料、青銅器、鉄器の他地域からの調達など他集団との交渉、ネットワークが必要となり、そうした面でも指導者の存在と力を要することとなった。

・ＢＣ１世紀頃には、各地で、有力な集落が多くの集落を統合し政治的集団（原生国家）が形成されていく、その過程は平和裏に行われることも、戦を経ることもあった。

１世紀から3世紀には北九州で吉野ヶ里・奴・伊都、山陽で吉備、山陰で出雲、近畿で大和・和泉、東海で尾張など列島各地にブロックを代表する国が盛衰する。やがて、有力国が連合して倭国が生まれ、古墳時代が始まることになる。

ロ　各地の様相の違い

①　一般的な推移

水田稲作―環濠集落―青銅器祭祀―古墳時代の順を辿るのが九州北部、中国、近畿、福井から天竜川までの地域と鹿児島、長野に見られる姿で、この時代の普遍的推移である。青銅器祭祀が欠落するのが関東中部、九州南部、越後。環濠集落と青銅器祭祀が欠落するのが利根川以北の北関東と東北中・南部とされる（藤尾慎一郎氏）。

②　地域による相違

i　畿内をみると、大和川沿いの大阪湾沿岸の河内地域と同川筋の奈良盆地地域が弥生中期の段階で同じ土器の文様を持つ一つのまとまりを持つ地域、淀川の北方、兵庫県の東から大阪の北は一つの共通文化を持つ地域、大阪湾の南の和泉地域は別の文化を持つ地域であった。

ii　弥生終期から古墳時代初期の時期の庄内土器は奈良盆地東南部の纏向、桜井地域には多く出土するが、奈良盆地の西から南にかけての地域、北の方では大量に出土してはいない。

iii　九州北部では、玄界灘東部地域は弥生遺跡は非常に多いが、大型甕棺地域ではなく青銅器武器も少ない。玄界灘西の福岡、糸島、唐津あたりの沿岸と有明海沿岸地域（吉野ケ里など）は大型甕棺の共通地であるが、銅鏡の持ち方には違いがある。

③　高地性集落

平地に水田稲作集落が営まれる中で海抜１００～３００ｍ程度の丘ないし小山の上あるいは中腹に作られた集落で、持久戦のための一種の逃げ城ないし監視所といわれる。弥生中期に西日本全体、特に、瀬戸内海、近畿地方に多い。一旦下火になるが、弥生後期初（1～2世紀）に大阪湾岸から淀川水系（5～10㎞間隔にあり、烽火で連絡した場所ともみられる）などにみられる。武器が多量に出土することも多い。軍事的緊張、戦乱に際して人々が長く滞在した集落ともみられている。

④　環濠集落の解体

・弥生中期末以降、首長は環濠集落の外に濠や柵で囲まれた居館を構えるようになる。首長の墓も共同墓地から離れ、独立する。

一般農民は分散、小集落を作るようになり、環濠集落は解体する。

弥生後期には吉備や出雲などには巨大な首長墓が築造されており、後の律令制下の国の規模に相当する勢力圏を持ったとみられている。

2　気候変動の影響

弥生中期は気温が高く、降水量も比較的少なく洪水の頻発しない気候が400年近く続いたが、BC1世紀前葉から気温が下降、古墳時代にかけて現在よりも気温が2～3度低い寒冷期、雨の多い湿潤期となり、洪水が頻発した。このため低地に水田を拓いた人々の農地の埋没あるいは近隣集落との抗争で農地を失った人々の新たな土地を目指す動きが生じる。

2世紀には降水量が増大、127年には今日に至るまでも最多の降水量があったとされる。伊勢湾岸地域の人々の東海、関東への移住のきっかけとなり、大阪府淀川左岸では集落の低地から丘陵地に変わる因となったともみられている。

第2章　各地に生まれた国の姿

弥生後期～末期（1～3世紀中葉）には、北九州から東海地方までの各地に大集落、国という程どの遺跡が存在した。以下、代表的な遺跡の姿を通じて弥生後期ないし末期の日本列島の姿を北九州から順に通覧、各地で展開された歴史を追う。

1　吉野ケ里遺跡

吉野ケ里遺跡は佐賀県神埼市と神崎郡吉野ヶ里町に跨る。吉野ケ里の国と見られる集落の地域は、加えて、三養基郡のみやき町西部・上峯町、佐賀市蓮池町・諸富町を含み、南北15㎞、東西10㎞以上の範囲にわたるとみられる（筑後平野のほぼ中央）。北に末盧《まつら》国、伊都国、奴国などを隔てる背振山系、南は有明海に面し、筑後川を始めいくつもの河川の流れる肥沃な稲作に適した地域である。

イ　吉野ケ里遺跡の形成

・この地域は、縄文晩期から弥生前期にかけて稲作を開始、小規模集落が分散して営まれた。

・BC3世紀には、大規模な環濠を巡らせた本格的な環濠集落が作られ、吉野ケ里遺跡は地域社会の中核集落へ発展していく。

・BC2世紀〜AD1世紀初めには環濠集落が大型化（20ha）。

内側には、竪穴住居、貯蔵穴（やがて高床式建物に進化）、青銅器鋳造工房（青銅器は佐賀、福岡各地で製造）、祭壇遺構など。

鉄器使用が始まる。環濠集落外に新たな集落形成が進む。

それまで分散していた甕棺墓（１ｍ強）が弥生中期前半に大規模な墓地にまとめられる（甕棺は九州の福岡、佐賀県に普遍的である。近畿（大阪、奈良）から岡山、広島、九州東部、関東、東北は方形周溝墓（７～10ｍ程度）で甕棺はない）。

南北40ｍ、東西30ｍ、高さ５ｍの墳丘には高階層（銅剣、鉄製品、南海産貝殻製腕輪など副葬、甕棺の外は黒塗、内部は朱（水銀朱）、吉野ケ里の国の歴代の首長埋葬と想定される）の人々が葬られた。

・吉野ケ里墓地の遺骨から吉野ケ里人は高身長・顔が長い渡来人系とみられている。また、戦死者も多い（佐賀、福岡地方ではＢＣ２～ＢＣ１世紀に多い）。

ロ　大環濠集落へ発展と衰退

・１～２世紀には40haの大環濠集落へと発展。１世紀後半の最盛期には周辺農村を合わせた人口は２千人程度と推測されている。

・環濠内に環濠で囲まれた南内郭、北内郭が造られていた（北は上位、南は下位の思想あり）。

南内郭は０・８〜１・１ha、中央に広場、周りに竪穴住居、四方に物見櫓などがあり、政治の実務を行う場所と推定されている。

北内郭は国の祭祀（祖霊を祭る）を司る首長の館とみられる。中央に大型掘立柱建物（祭殿、斎堂、居住館か）があり、壕が二重にある。壕の縦の軸線は冬至の日没と夏至の日の出の方向になっている。壕の周りに倉庫群と思われる掘立建物（祭祀に必要な資材保管）、竪穴住居（王に仕える人が居住）がある。

・弥生中期後半以降の首長は、前述の墳丘墓ではなく別の場所に葬られている。
・銅鐸が出土、吉野ケ里で銅鐸も生産、祭祀に使用されていたとされる。外来土器は少ない。２世紀から３世紀前半には山陰、瀬戸内、九州南部、朝鮮半島の土器が僅かではあるが流入している。
・３世紀後半になると外環濠、内環濠はほぼ埋没。古墳時代の到来と共に姿を消した。佐賀平野での古墳時代の中心は佐賀、小城地方に移った。

八　徐福伝説

秦の始皇帝から不老不死の霊薬を求める命令を受けて、徐福がＢＣ２１０年に童男女３

千人、五穀の種子、食糧、多くの技術者を乗せた船団を率いて東方の蓬莱島目指して出航、日本に到着したといわれ、日本国内20か所に徐福到来伝説がある。

その一つに、佐賀県諸富町に上陸、吉野ケ里を造ったとするものがある。なお、既述の通り、吉野ケ里墓地の人骨は渡来系とされる。

２　奴国

奴国は福岡県の福岡市、春日市を含む福岡平野全体を治める強国で、１世紀半ば頃が全盛期と推測される。

イ　比恵・那珂遺跡

・福岡平野の福岡市にある。発見されている日本最古の環濠集落でＢＣ９世紀から人が住み始めた。ＢＣ３世紀の甕棺に葬られた首長の存在が確認されている。ＢＣ２世紀には板付遺跡の衰退に伴い、福岡平野の中心（奴国の中心遺跡）となった。
ｉ　ＢＣ２世紀には運河（那珂の大溝と呼ばれる幅５ｍ、深さ２・５ｍの断面逆台形）と道路を基軸とした街ができる。掘立柱建物、高床倉庫、青銅器・ガラス製造工房、鉄器制作工房などがあった。

ii　１世紀に大溝埋没し、それに沿って新たな大溝を掘削、紀元前後に大規模区画設置、街区形成、住居は竪穴住居から平地建物主体に転換、倉庫群出現。吉備、讃岐、伊予などの外来土器増加。人の出入りが激しくなり、市の成立が推定される。市と考えられる地点から出土する土器は朝鮮半島（馬韓系が多い）から近畿まで各地のものがある。

鉄器の出土量増大。

iii　３世紀後半には遺跡を南北に貫く幅５～９ｍ、長さ１・５㎞の側溝を備えた道路、道路沿いに住居、建物配置。首長の居館を囲むような環溝群が作られる。全長75ｍの墳丘を持つ那珂八幡古墳（周溝墓）は、３世紀中頃から４世紀にかけての築造の王墓と推定される。三角縁神獣鏡が出土しており、近畿中枢部と関係を持つ人物の墓と考えられている。

３回の計画的街づくりが行われており、１～３世紀の中国の史書に記述される奴国と想定される。古墳時代に衰退する。

ロ　須久岡本遺跡群

須久岡本遺跡（春日市岡本）は、南北２㎞、東西１㎞の弥生遺跡。墳丘墓、多数の甕棺、青銅器鋳造跡が出土。

巨石下甕棺には副葬品として銅剣、銅矛、銅戈、銅鏡、ガラス璧破片、ガラス玉などがあり、三雲南小路と同時代（ＢＣ１世紀）の王墓と見られている。

3　伊都国

糸島平野は弥生早期から水田稲作が始まり集落が営まれ、伊都国の所在地とされる。

・他の墓から独立した低い盛土の方形周溝墓があり、ＢＣ１世紀からＡＤ２世紀に、三雲南小路遺跡─井原鑓溝遺跡─平原遺跡（２世紀頃）の順に伊都国王の墓が築造されたとみられている。

王墓には前漢から後漢までの大型漢銅鏡多数、三雲南小路では銅剣、井原鑓溝、平原では鉄刀などが副葬されている。

・伊都国の最盛期は２世紀初から半ばの時期と推測され、後漢書に出てくる帥升は伊都国の王とみられる（後述）。

・奴国、伊都国は吉野ケ里遺跡より規模が大きかった。

4　原の辻遺跡

長崎県壱岐市芦辺町、石田町在の遺跡。一支国（壱岐国）の国都と推定される。

弥生前期から古墳時代初期まで続いた大規模環濠集落を中心とする遺跡。三重濠を持つ大規模環濠集落（３棟の掘立柱の祭祀建物跡あり、一般住民は竪穴住居）で、東西約３５０ｍ、南北約７５０ｍ、広さ約24ha。遺跡総面積は約１００ha。濠の外、西北には日本最古の船着き場跡がある。

水稲農耕が行われ、弥生後期には鉄器も豊富であった。

5　吉備国—楯築弥生墳丘墓

イ　吉備の国

吉備の代表遺跡である楯築墳丘墓は岡山県倉敷市、足守川（倉敷市と岡山市の堺を流れる）によって形成された肥沃な平野を望む丘の上にある。

足守川河口付近の上東遺跡（製塩土器出土、波止場跡あり）から上流に向かって４㎞ほどの間に、矢部南向遺跡、足守川加茂遺跡、津寺遺跡、加茂政所遺跡、高塚遺跡などの大集落遺跡があり、銅鐸、貨泉（前漢と後漢の間の王莽王朝鋳造の正円形銅貨、中心に四角穴、右に貨、左に泉の字がある）など多くの青銅器製品が出土している。

この吉備弥生集落が楯築墳丘墓を生み出した。楯築墳丘墓は2世紀後半～3世紀前半に築造され、葬られたのはこの地域の大首長であったとされる。

ロ　楯築墳丘墓

・楯築墳丘墓は円丘部（直径約42ｍ）、北東と南西に突出部があり全長80ｍ。円丘部には5つの立石、中央に墓壙、大きな木郭に入った木棺（197×72×59㎝）があり、木棺底には朱（約32㎏、中国か朝鮮からの搬入とみられる）が全面に敷かれていた。遺骨は歯の一部が残存したが、熟年と見られるものの性別は不明。鉄剣Ｉ口、翡翠、瑪瑙、碧玉の玉が副葬。銅鏡はない。墓壙の南東端に石組の排水溝が設けられている。墳丘内には複数の埋葬体があった。
・墳丘墓では首長権の継承の儀礼、埋葬された亡き首長の霊と共に行う飲食物供献といった祭祀（共飲共食儀礼、土器の底部に穿孔があり呪術具として使われたとみられる）が行われたとみられる。
　特殊器台（高さ1・12ｍ、口縁部と底部は径46・5㎝で中膨）2個と器台に載せる特殊壺（40㎝前後、全体では10個前後確認されている）、他の土器、弧帯文石2個（一つは御神体として現存する大石、一つはより小さい石で破砕、埋土）などが出土している。

ハ　特殊器台、特殊壺～吉備地方の結合の証

・吉備地方の弥生墳丘墓が顕著な発展を見せるのは弥生後期後葉からで、方形、長方形、円形、突出の有無など個々の墓でかなり異なり、多様であるが、共通して認められるのは特殊器台・特殊壺のセットの存在である。

特殊器台・特殊壺は備中南部に集中するが、備前、美作、備後にも広がっている。埋葬祭祀にこの特殊な土器を用いることで吉備の諸集団の結合が図られたと推測されている。

この土器は備中のいずれかの地で一括して造られ、配布されたとも指摘される。

・山陰出雲の西谷三号弥生墳丘墓から特殊器台・特殊壺10セット以上が出土。楯築墳丘墓と同時期のものであることから吉備首長と出雲首長の婚姻関係ないし擬制的親族関係の存在を示すと理解されている（後述）。

・特殊器台は、立坂型（楯築墳丘墓）、向木見型、宮山型と推移、都月型円筒埴輪を経て円筒埴輪に変化発展した。

宮山型特殊器台・特殊壺は奈良盆地の箸墓古墳、西殿塚古墳など４基の古墳（後述）からも出土している。大和首長と吉備首長の間に擬制的な同祖同族関係が成立していたとも考えられる。

6　妻木晩田、青谷上寺遺跡

イ　妻木晩田《むぎばんだ》遺跡

・鳥取県米子市と西伯郡大山町に跨る。晩田山と呼ばれる小高い丘陵（100～150m）に東西約2km、南北約1・5kmの範囲に居住域があり、450ほどの竪穴住居跡、510ほどの掘立建物跡、十数mの高さの楼閣跡、複数の墳丘墓が見つかっている（約152haが国の史跡）。

1世紀に始まり、山陰地方で前方後円墳の築造の始まる古墳時代前期の4世紀にさしかかる頃に終焉。

・山陰地方ではBC7世紀までには、稲、アワ、キビの栽培が始まり、西日本における弥生時代前期の典型的土器の遠賀川式土器が登場するBC6～5世紀になると平野部を中心に遺跡が増加する。妻木晩田遺跡は平野部が人口飽和となり丘陵地帯に移り住んだことが始まりと推測されている。

2世紀後半、集落規模が急激に拡大（100世帯前後）、山陰の大集落に成長、最盛期を迎えた。高地集落であることから戦乱との関係も指摘される。

・銅鏡片（中国伝来、祭祀用）、鉄器（木材加工用の小型工具類、妻木晩田で製造したと見られる）、鉄片が出土している。

墳丘墓が築造されたが、出雲の四隅突出型も見られ、出雲との関係を持った人物も想定される（四隅突出型以外の墓も多い）。また、環濠に囲まれた円形の広場（約3000㎡、住居はない）が造られている。

ロ　青谷上寺地《あおやかみじち》遺跡

鳥取市青谷町にある。2世紀後半に栄えた港湾都市遺跡。

北九州、北近畿、吉備系の土器、新潟県糸魚川の翡翠、香川県のサヌカイト製石器、朝鮮半島・中国の鉄製品、木、骨格製品、獣骨が出土する。

出土した100人以上の人骨は、遺伝子上の血縁関係は認められず、多数の創傷、解体痕もあることから戦の関係者（余所者）の可能性があり、戦乱との関係が指摘される。

7　出雲国―西谷四隅突出型墳丘墓

イ　西谷墳丘墓

i　西谷墳丘墓

西谷墳丘墓は島根県出雲市大津町にある。4つの大型の四隅突出型墳丘墓（大首長（王）を葬った墳丘墓）として著名である。

西谷墳墓群は弥生時代後期から奈良時代まで墳墓として機能し続けたが、巨大化したのは弥生時代の2世紀中頃から3世紀前半であった。4つの大墳墓は3号―2号―4号―9号墓の順に築造された。9号墓が最大の規模で前の3墳墓とは少し離れた別の尾根の上に作られている。9号墓を以て大墳墓は終焉、前方後円墳の古墳時代になる。

ⅱ　西谷3号墓

発掘された3号墓は、長軸40m、短軸30m、高さ4・5mで四隅が突出、斜面は貼石、裾周りに立石、石敷きのテラスなどがある。

8つの墓壙があるが、丘の中心に重要人物（王、王妃、巫女など）が埋葬されている。主棺と副棺があり、それぞれの上に朱彩した石を置き、周囲に玉砂利を積む。その上に200個以上の葬祭に使用された土器を密集して置き、主棺を囲み長方形に4本の太い柱（径約50㎝）跡が出土している。葬祭に使用された土器は、地元出雲で作られたものが約6割、特殊器台・特殊壺など吉備で作られ運ばれたものが14％（吉備の楯築墳丘墓と同じもの）、丹後から越前系の土器で出雲の土で作られたものが21％ある。出雲と吉備、丹越との交流が想定される。

主棺の中には朱が敷き詰められ、副葬品として鉄剣一振とガラス管玉（首飾り、ローマ帝国領内で生産されたガラス使用）が出土。朱、ガラス玉は交易品（朝鮮半島楽浪郡経由）で高価なものであることから代価は生口ではなかったかとも推測されている。

ⅲ　四隅突出型墳墓の推移

・四隅突出型墳丘墓は広島県北部の山間地帯で出現、初期には四方に突出もほとんどないか、目立たなかった。間を置かず山陰に広がり突出部の長大化が進む。

西谷3号墓の時期以降、大型の墳墓は四隅突出型になり、墳墓の規模、形態で社会の秩序を現すようになったと考えられている。

島根県東部の出雲、鳥取県西部の伯耆、東部の因幡に分布、同地域の政治的連合関係が推測される。

ロ　出雲の歴史

①　縄文、弥生後期初までの出雲

・出雲では奥出雲町原田遺跡で約3万年前の石斧が発見されており、旧石器時代遺跡が20か所余り知られている。縄文時代の遺跡も数多い。出雲平野には弥生時代の早くに稲作農耕が伝わり集落が形成された。

・宍道湖の西寄りに潟湖《せきこ》があった。西に口を開き（神門《かんど》水海と呼ばれた）、神戸川、斐伊川（備後とを結ぶ重要通路）が流れ込み、出雲平野の交通の要衝、弥生中期後半から後期にかけて環日本海を巡る物流拠点であったとみられる。朝鮮半島系、北九州系の文化の影響を受けている。

弥生時代の鉄器出土量は北九州に次いで多く、大和、瀬戸内を上回る。大陸文化をいち早く受け入れ得る地域（高句麗系（満州系）の人々が文化と同時に渡来していることが考えられる）で、吉備はその目的で出雲に接近したともされる。

② 荒神谷、加茂岩倉遺跡

・1984年、島根県出雲市荒神谷遺跡で358本の銅剣（4列にまとめて埋納されていた）と銅矛・銅鐸6点が発見された。

銅剣は出雲中心に山陰地方に多く分布し、出雲型銅剣と呼ばれる。2世紀半ばに出雲で鋳造されたとみられている。銅矛は北九州鋳造、銅鐸は近畿製で、いずれも銅剣と同年代の製造とされる。

発見された荒神谷は古代出雲の神奈備山と呼ばれた仏経山の傍にある。

次いで、1996年、島根県雲南市の加茂岩倉遺跡で大小の入れ子になった多数の銅鐸（近畿、出雲で鋳造）が発見された。

いずれも出雲に青銅器文化が栄えた証左であり、古くから北九州、近畿との交流する集落の存在が想定される。

・荒神谷の埋納は出雲平野の集団、加茂岩倉は斐伊川支流の赤川周辺を本拠とする集団によるものとされる。埋納された時期は共に紀元前後から遅くも1世紀前半と考えられている。この頃までは墳墓は小型で王の出現は認められない。

弥生中期末から後期にかけて青銅器祭器大量埋納、四隅突出型墳丘墓、山陰独特の土器様式が生まれたとみられる。

④　出雲の覇権の推移

・西谷3号墓が築かれた弥生後期後葉には、出雲東部の安来平野周辺でも比較的大きな四隅突出型墳丘墓が造られており、安来平野には出雲西部とは別の王が存在したが、西谷9号墓の被葬者（4つの中で墳墓は最大）が安来を傘下に収め出雲全体の覇権を握ったと考えられている。

9号墓を最後にこの地域から大型墳墓は姿を消す。そして、斐伊川中流域（加茂岩倉遺跡の母体地域）に前方後円墳（松本1・3号墳）が出現する。古墳時代に対応した勢力と考えられる（出雲平野に前方後円墳は築かれるのは古墳時代前期後半）。

⑤　記紀の記述

古事記は、景行紀に倭武尊《やまとたけるのみこと》が出雲建《いずもたける》を斐伊川の畔で「だまし討ち」にしたと記す。

日本書紀は、崇神紀に吉備津彦と武淳河別《たけぬなかわわけ》が出雲振根《ふるね》（出雲の首長）を討ったと記述する（後述）。

ハ　出雲風土記の記述、武光誠氏の見解

①　出雲風土記の記す古代出雲

出雲風土記には記紀の高天原神話、大国主の国造り、天孫への国譲りと異なる次のような記述がある。

・巨人神の八束水臣津野命《やつかみずおみつののみこと》が新羅、隠岐の島、越の地の一部を綱で引っ張り出雲にくっ付けた（国引伝説）。

・素戔嗚尊《すさのおのみこと》は島根県飯石郡須佐郷の土着神の一つであった。

・出雲大社は大国主の宮殿で多くの神々が集まり築いた。

・出雲の国譲り後も出雲一国は大国主命の領国に残されたなど。

②　武光誠氏の見解

・出雲の古代について武光誠氏は次のように述べている。

i　4列に並んで埋納された358本の銅剣は出雲の首長連合の祭祀に使われたもの。2世紀半ばに出雲の首長達が銅剣を1本ずつ埋納、銅剣の数は出雲の首長の数＝神社数を示す（意宇郡（おう）、島根・秋鹿・楯縫郡、出雲郡、神門・飯石・大原・仁多郡が4

列に埋納された銅剣の各列を担った）。出雲は小国乱立の状況にあった。

ⅱ　意宇郡の出雲氏が多くの出雲首長をまとめた。その際に、各地の首長の神社を超える存在として大国主命祭祀を創始、出雲をまとめた。大国主信仰は山陽、近畿に広まり、信濃、上野、関東にまで広まった。大和の三輪山の大物主も大国主とされる。

６世紀に高天原神話ができ、天照大神が皇祖神として祭られるようになり、大国主命信仰を持つ人々の不満を収めるため倭王権により出雲大社（高さ32丈ないし16丈）が造られた。

ⅲ　出雲の国譲り、素戔嗚の高天原追放神話は、出雲氏がヤマト王権の支配下に入った４世紀半以後に作られた。

二　出雲大社

・斉明５年（６５９年）、「出雲国造に神之宮を修造させる」と書紀にあり、熊野大社ないし出雲大社の造営とされる。

・現在の出雲大社の造営は１７４４年である（本殿の高さ8丈）。

２０００年に出雲大社で径１・３ｍの木の柱を3本束ねて一つの柱としたもの（径３ｍ）が発掘された。大社は、中古には16丈（48ｍ）、上古には32丈（96ｍ）あったとの伝

承があるが、それが史実であった可能性を示すものとされる
・大社の大きさにつき、雲太（出雲大社が1番）、和二（東大寺大仏殿（15丈）が2番）、京三（宮城大極殿が3番）と称されたという（970年の「口遊（口ずさみ　源為憲）」にある）。
・大林組プロジェクトチームの試算（平成元年3月）では、古代出雲大社建築は、工期6年、延べ労働者数12・67万人、総工費121・86億円とされる。

ホ　田和山遺跡

島根県松江市の田和山遺跡（弥生前期~中期の遺跡で宍道湖を一望する丘陵にある）は三重濠に囲まれ、中には9本柱跡がある（倉庫、物見櫓との見方もある）。大量の礫、石鏃が散乱状態で放置されている。住居のような竪穴建物はない。伯耆の妻木晩田高地性集落もあり、この地域で大きな戦があったと考えられている。

8　丹後地方

京都府丹後地方には弥生中期から後期初頭に墳丘墓が出現する。
・京都府与謝野町日吉ヶ丘遺跡は中期中葉の墳丘墓。長方形で長さ32m、幅20m、高さ

1・6m、葺石を持つなどその後の墳丘墓の走り。
・京都府京丹後市佐坂26号墓、三坂神社3号墓の墳丘墓には素環頭の小刀が副葬されている。いずれも1世紀の墳丘墓。

9　東之宮古墳

・東之宮古墳（前方後方墳）は犬山市、木曽川の畔の山上にある。築造は3世紀第3四半期と推定される。被葬者は、犬山市を含む丹羽郡の2つの部族とその内部の5つの小集団を支配、3世紀中頃に活躍した王で卑弥呼と争った狗奴国の王とも推測されている。
・東之宮古墳は、標高130mを越える山頂付近を、山頂部にあった礫質堆積層を削り、さらに、その基盤の角礫岩を砕き平坦面に造成、その上に盛土、赤を主体とした葺石で墳丘表面を覆い造営。
全長72mの前方後方墳で、後方部は48×49m、高さ約9m、前方部は24×43m、高さ約7m。

後方部中央に王の墓壙（東西11m、南北7m、深さ5m）の中に石郭（長さ4・93m、幅1m、高さ1・2m）、頭頂部から1・5m掘り下げたところに天井石（地元産ではない）、王の遺体は木棺（刳抜式木棺）に収められて石郭内に安置された。後方部にもほぼ同規模の石郭があるが未調査。木棺内には大量の水銀朱、副葬品は勾玉と管玉（ネックレス）、鉄剣、7点の石製品（宝石）、破砕鏡（倭鏡で人物禽獣文鏡）一つ。石郭内には、鉄剣4点、鉄刀9点、鉄槍17点、鉄鏃6点、鉄斧6点、鏡10面（1面は破砕）等。

東之宮古墳―青塚古墳―坊の塚古墳―妙感寺古墳は丹羽4大王墓とみられる（3世紀後半～5世紀築造）。

10　池上曽根遺跡

イ　池上曽根遺跡の歴史

池上曽根遺跡は大阪府和泉市池上町、泉大津市曽祢町にある。

・弥生時代全期間を通じて居住が継続。方形周溝墓を中心とする墓地群が遺跡南端部に存在。集落を囲む溝（環濠など）が各期にわたり多数存在、時期ごとに掘り直されている。

・環濠集落は前期約3万㎡、中期6万㎡、中期末には大規模な外堀を設けている。中期が最盛期（500～1000人が居住とされる）で後期には小集団に分散、大勢は他地域に移動していった。

・起源については、縄文系の虫取遺跡の近くに弥生系の水稲農耕を営む集団が来て池浦遺跡を形成、一定期間、両集団は共生した後、縄文系集団も水稲農耕を習得、2集団が1体となり池上曾祢に移り住んだとされる。

ロ　最盛期の姿

最盛期には、２つの環濠、環濠内に住居が作られた。

大きな環濠集落の北の方に高床式の長さ20ｍ、１３０㎡の大型建物（１００年程の間に４回建直し）があり、柱はＢＣ52年に伐採された材木と判明している。首長の政治の場、祖先祭礼神殿ないし共同作業場、貯蔵庫とみられる。

そのすぐ南に楠木の大木をくり抜いた大型井戸（内径１９０㎝、２回掘替え）があり、井戸を中心に祭祀的空間があったと推定される。

集落の北東には自然流路があり、集落と海を結ぶ水路、船着き場、交易のための市場が環濠の一画にあったと推定される。金属器工房もある。和泉地方の中核的集落とみられる。

11　唐古・鍵遺跡

・奈良盆地（奈良県磯城郡田原本町）にある。約35haの遺跡。
銅鐸の主要生産地であった。
・弥生前期に出現。前期末に大溝掘削、大型建物、方形周溝墓が造られた。

弥生中期時代には直径４００mの集落を幅10mの環濠、その外側に3～5条の環濠。濠と並行して土塁や柵列（戦に備えた防御施設）が造られた。大型建物、大型井戸、青銅器工房（中期末～後期初）があり、集落が最も繁栄した。

・弥生中期初頭までは尾張、三河を含む伊勢湾岸地域の土器、中期後半には吉備をはじめとする瀬戸内地域の土器など他地域からの搬入土器が多い。瀬戸内と畿内の間に平和的関係が生まれたことを示すものと考えられている。

絵画土器（中国風の2層の楼閣図、1層目に鳥が止まり、屋根上と軒下の両端に渦巻き状の棟飾りがある、大陸との交流を物語る）も多い。

国内最大規模の集落、奈良盆地に形成された原生国家の中核的集落とみられている。

・弥生後期には繰り返す洪水被害（近畿一円に及ぶ大規模災害と考えられる）に見舞われている。弥生末期には環濠消滅。

入れ替わるように纏向遺跡の集落が隆盛となる。

第３章　纒向遺跡

第１節　纒向遺跡

１　纒向遺跡の所在

・奈良県桜井市、大阪湾から大和川を遡った地にある。

三輪山山麓を中心に広範囲に影響力を持つ政治勢力が作った日本初の政治、経済都市とされる。

２世紀末（１８０年頃）に出現、４世紀中頃（３５０年頃）に消滅した。３世紀中頃までを前期（庄内式土器時代）、以降は後期（布留式土器時代）とする。卑弥呼の時代が前期、倭大王成立は後期となる。

・纒向は纒向川の作った扇状地の上にある。縄文時代の狩猟民の遺跡遺構（布留遺跡（天理市）など）はあるが、弥生時代に入ると後期後半まで遺跡はほとんど見られない。纒向扇状地は東西２㎞で１００ｍの高低差があり、弥生人は平野に集住したとみられている。唐古・鍵遺跡は纒向遺跡が出現する頃に急速に衰退する。纒向遺跡に拠点を移したとする見解もある。

２　古代都市纒向の姿

・環濠はないが、北側の烏田川や穴師川、南の初瀬川が環濠の代わりの防衛線となった。
・大溝（水路）を２本掘削、２本の水路に挟まれた東西２km、南北２kmの不整三角形が纒向遺跡の範囲とされる（２００haほど）。7～8世紀の上ツ道（伊勢に向かう）や横大路はこの頃に既に存在していたと見られ、交通、流通の要衝であった。土地の高い方には居住地、低い方には墓地、北側に祭場がある。墓は、方形周溝墓と前方後円墳。後の平城京、平安京に見られる条坊制はなかった。

第２節　三輪山信仰

１　三輪山神社

・三輪山を神体とする三輪神社（大神神社。農業神・疫病防遏神として大物主を祭る。大物主は元は雷神、姿は蛇とされる）の起源は縄文、弥生時代に遡るともされ、この地域の豪族らにより祀られていたが、大王家が支配するに及び、大王が祭祀の分掌者になった。

2世紀末から3世紀の邪馬台国時代（卑弥呼が祭祀）から6世紀前半の欽明の時代まで国家神とされ、王権の伸長とともに各地に勧請されていった。日本の歴史で一番古い国家神、欽明以降は国津神となったとされる。

5世紀以降に伊勢神宮が成立、倭王権が伊勢で天照大神を祭り始めたのは6世紀以降とみられている。

・記紀には大国主の天下統一の際に協力した神が三諸山（三輪山）に自らを祀ることを望んだと記される（後述）。

出雲の祭神大国主と三輪山の大物主は同一神ともされる。国造り神という点は共通するが、大国主は巨人神、大物主は蛇神と相違点もある。

出雲信仰が大和、畿内にまで及び、両神が近しい神とされ、7世紀後半、斉明の時代に大国主を祀る出雲大社が建立されたとされる（プレ大社は荒神谷との見解もある）。

・出雲大社を祀る出雲国造家は元は意宇で熊野大社を祀っていたが、元正天皇時代に杵築に移り出雲大社を祀るようになったとされる（関裕二氏）。出雲から朝廷へ捧げる神賀司《かみよごと》では大国主の和魂を八咫の鏡に取り付けて三輪の神奈備に鎮めたと述べている。

2　神仙思想との関係

・纒向の地は、背後に三輪山、纒向山、初瀬山の三山があり神仙思想からは都として最適地との見解もあるが、当時、神仙思想が日本に流布していたとは考えられないとする見解もある。

・神仙思想は、BC3世紀後半に出現。不老不死のユートピア（仙境）があり、海東の蓬莱山に東王父、西方の崑崙山に西王母が住むとする（いずれも壺の形の山で3山からなる。東王父、西王母は神仙界の支配者）。蓬莱山は大亀の背に乗って漂っており、近づくものがあると水中に潜るので誰も到達できないとされる。

第3節　纒向と土器

1　纒向製土器

纒向地域の土器は、壺は4段階、甕は邪馬台国時代には庄内式（丸底化（尖り気味、直前の甕は平底）、0～3まで4段階　桜井・天理地域と大阪の八尾・東大阪が多い）、倭大王出現期には布留0式（丸底、古墳出現期の土器）となる（布留1式は紀元300年頃から）。

2世紀後半から3世紀代における庄内式、布留0式土器の移動は激しい。近畿から吉備・瀬戸内を通って北九州へ、琵琶湖沿岸を通って山陰へ、東海地方を通って関東へと動いている。

2　外来土器

・纏向では広範な地域の外来土器（伊勢湾岸から静岡の東海（50％）、山陰（出雲）、山陽（吉備）それぞれ10～15％、河内、近江、播磨、阿波がそれぞれ5～10％程度）が出土する。3世紀がもっとも多い。

・北九州から纏向への土器の流れはない。このことから、北九州と大和は良好な関係になかったとする見解、倭国の中心は北九州と大和と2つあったとする見解がある。

・纏向の外来土器は、持ち込まれた土器と纏向で作られた土器の双方がある。人の往来と定住を物語るとされる。

こうした外来土器の出土は、纏向が物流だけでなく、古墳造営のための人々、倭大王権を支えた国々の出先が設けられたためともされる。

第４節　纏向の大型建物

纏向遺跡には竪穴住居はほとんど見つからず、高床式建物が立ち並んでいたと推定されている。鍛冶施設、ベニバナ工房跡もある。

１　纏向の大型建物

・４棟（ＡＢＣＤ）の東西に軸を揃えて一直線（１００ｍ）に並んだ建物が発掘されている（３世紀前半のものと推測されている）。その一つＤは、当時の列島最大の高床式建物（19・２ｍ×６・２ｍ、床面積２３８㎡）で、祭祀用、祭政用、魏の使者を迎えるためのもの、司祭者の住居も兼ねたなどと推察されている。

・纏向の祭祀は井泉を掘り浄水を作り、仮屋（４本柱の小屋）で祭祀を行い、終わると用具（土器、木器、多量の籾殻など）を井泉に納めた。多数の桃の種（２５００個ほど）が発掘されている（神仙思想の西王母を象徴する果実）。

土坑から木製仮面、楯の破片と鎌の柄が出土しており、方相氏の３点セットとみられている（方相氏とは、周礼に記述され、遅くも漢代には存在、宮中などで疾鬼を駆逐する役を担った役人とされる）。
・建物Ｃ（８ｍ×５・４ｍ）は伊勢神宮、Ｄは出雲大社のルーツともみられている。

２　初期倭大王の王宮か

・４棟の建物を含む縦横１００ｍ、１５０ｍの範囲には様々な建物が存在したと推定されており、初期ヤマト王権の宮殿と理解されている。
・日本書紀には、崇神天皇は「都を磯城（桜井市三輪の地域）に遷す。これを瑞離宮《みつかさ》と謂う」、垂仁天皇は「纏向に都をつくる。是を珠城宮《たまき》と謂う」、景行天皇は「纏向に都をつくる。是を日代宮《ひしろ》と謂う」と記され、３代の天皇の宮があったとされる。
・当時の大和とは磯城、十市両郡を中心とする奈良盆地東南部を指し、巨大前方後円墳が築造され始めた地域、三輪山を神体とする三輪神社のある地域、現在の桜井市から天理市南部、その西方の橿原市北部から田原本町周辺を指すとみられている。

第５節　纏向型前方後円墳

纏向地域に纏向型前方後円墳と呼ばれる墳丘墓群がある。

型式は箸墓より古く、規模も及ばないが、一定の共通性を持ち広く築かれ、階級的格差の存在を示している。

イ　纏向石塚古墳

奈良県桜井市太田にある。幅20ｍの周濠、全長96ｍ、円丘部径65ｍ、突出部の長さ33ｍ、前方部幅44ｍ、高さ0・9ｍ。平面馬蹄形状の周溝がある。木製の赤い鳥、木製の狐文円板が（吉備の文様のデザイン化）出土。2世紀末～3世紀初頭頃の築造とされる。倭国大乱時代（後述）に活躍した人物が被葬者ともみられている。

ロ　纏向矢塚古墳

全長96ｍ、突出部は喪失。

ハ　ホケノ山古墳

後円部径58ｍ、高さ2～3ｍ、全長86ｍ、切妻造りの建物と石積郭木棺墓（石囲い木棺墓）が墳丘の中に設けられている（石囲い木棺墓は香川、徳島の古墳が先行している）。棺や棺内は朱が塗られ、中国製の画文帯神獣鏡（徐州製、三角縁神獣鏡より古く、近畿に集中して出土する。２世紀後半から3世紀初の公孫氏との通交を示すと考えられる)、内行花文鏡の破片、80余の銅鏃、１００余本の鉄鏃、刀剣類が副葬される。土器は伊予、讃岐製。幅10ｍの周溝がある。

3世紀前半に築造とみられており、箸墓古墳の東２００ｍにある。築造年代は近接しているが一段古い、三角縁神獣鏡（後述）はなく、吉備の特殊器台、特殊壺も出土していない。

古墳の被葬者は倭王縁戚ではなく、徳島か香川の王で倭王連合政権の構成王の一人とみる見解もある。讃岐では前方部が長く撥形に広がる前方後円墳が箸墓古墳に先立って造られている。

二　纒向勝山古墳

全長１２０ｍ余、朱塗り板切出土。

第5部

倭王権の成立

第1章　倭王権の成立へ

1　各地に大首長勢力形成

・第４部で各地の著名な遺跡の盛衰を記述したが、紀元前後以降（弥生後期）、九州、山陽、山陰、近畿、東海、関東に後世の郡ないし国の規模の地域を勢力下におく政治勢力が形成され、それぞれ特色を持つ様式の大首長の大墳墓が築造されるようになる。大勢力にまとまる過程では勢力間の戦、連携が行われた。土器と人の広域移動が顕著となることは大勢力間の連携を示している。

・中国の後漢書には１～２世紀に北九州の奴国、伊都国王が朝貢したこと、魏志倭人伝には、２世紀末に倭国内で大乱があったこと、倭国には百ほどの国があり、２世紀末から３世紀前半には諸国王に共立されて29か国を勢力下におく邪馬台国に住む倭国女王卑弥呼がいたこと、狗奴国が卑弥呼勢力と対立、３世紀中頃、両勢力が戦い、卑弥呼は死去、卑弥呼の宗女台与が勝利して魏へ朝貢したことが記され、３世紀後半に倭大王《おおきみ》、統一倭国の形ができたと解されている。

2　大墳墓の築造と青銅器祭祀の終焉

・2世紀後半から3世紀前半には、既述のように、列島の各ブロックともいえる範囲にそれぞれ統一した様式の大首長の墳墓が築造された。吉備の特殊器台・特殊壺をもつ墳墓、出雲の四隅突出型墳墓、丹後・但馬では丘陵尾根に築かれる方形墳墓、岡山（吉備）・徳島・京都では円丘に一つだけ突起のつく型式の墳墓、近畿中央部では方形周溝墓、纏向の前方後円墳、東海・関東の前方後方墳などである。墳墓には、鉄製刀剣、農機具、翡翠、玉、ガラスなどの豪華な副葬品が納められ、中国製銅鏡埋納が普及する。

・大首長の墳墓に副葬される銅鏡はＢＣ１世紀後半頃に北九州に始まる。朝鮮半島楽浪郡との接触を反映するものと理解されている。中国黄河流域の銅鏡はほとんどが直径12～14㎝の中型鏡（大量埋納は稀）、３韓（馬韓、弁韓、辰韓）は小型鏡が主体であるが、倭の中国鏡は大型、中型を含み形態も多様であった。

１世紀後葉には鏡片、破鏡が流通、九州より東の地域でも出土するようになる。３世紀前葉には北九州以外でも中国鏡片が副葬されることが多くなる。鏡の破砕は霊力を断ち切ろうとするものともされる。前方後円墳が成立する3世紀半ばを過ぎると三角縁神獣鏡（後述）を多面副葬するようになる。

・大首長の大墳墓の出現で青銅器祭祀は終焉、大墳墓での首長の権威の継承儀式にとって代わられたとみられている。

3　倭大王、倭王権の成立

・北九州の汝国、伊都国は朝鮮半島からの鉄の輸入、大陸文明へのアプローチの地理的優位（後漢（２２０年滅亡）の権威をバックにできた）から先進文明地域として1～2世紀には繁栄。出雲も地勢上、大陸と直接交易ができ、また、北九州との交流で繁栄した。発見される戦死者と思われる数から北九州や出雲ではかなりの戦乱があったと推測される。

・吉備、出雲、大和勢力などの発展、後漢の衰亡で北九州はその威勢が低下する。

１９０年代には後漢の衰退で楽浪、帯方郡地域に公孫氏の燕国が出現、卑弥呼は公孫氏勢力と結んで北九州勢力に代わり大陸、朝鮮半島交易の実権を握ったとの見解もある。

・3世紀後半、山陰・北陸、丹後、吉備・瀬戸内地域、大阪湾沿岸地域、大和地域が連合、奈良盆地の纏向を本拠とする奈良盆地の王が連合政権の大王となり古代倭国が形成され、連合王権出現を示すものとして大王を頂点として共通の墳墓、前方後円墳築造、古墳時代が始まった。

2世紀末から3世紀中葉までの卑弥呼の時代は西日本邪馬台国連合政権の時代、台与の時代は畿内大和を中心とする倭国、倭大王成立の時とみられている。

4　奈良盆地（纏向）の地勢的位置など

・奈良盆地から西に大和川を下れば河内潟に出て瀬戸内に通じる。東へ峠を越えれば伊勢で東海地方に通じる。南に山並みを超えれば太平洋ルートの海路に出る。北は京都の盆地を超えれば日本海側に達する。奈良盆地は列島中央の交通の大交差点で、様々な地域から人が集まる地勢的条件を備えていた。

　奈良盆地を東西に分けると大和（東）と葛城（西）、山地として宇陀と吉野がある。

・三輪山近辺では砂鉄が採れ、採算はよくないが鉄生産の場があった（その後、山陰地方を勢力下に置いたことから廃止されたとみられている）。三輪山の岩層は大量の鉄分を含んでおり、三輪山信仰の中心の磐座信仰は鉄への信仰とみられる。日本書紀には、神武天皇が三輪山の神の娘の媛蹈鞴五十鈴命《ひめたたらいすずのみこと》を后にしたと記述されるが、三輪山と蹈鞴（製鉄）は関係があり、神武は三輪山に鉄があることからこれを掌握したとする見解もある。

5　倭大王、倭王権成立についての諸説

　倭大王、倭王権成立については様々な見解がある。

魏志倭人伝に記される邪馬台国（ヤマトと読む）の所在について大和説、北九州説があり、大和説が優勢であるが決着はついていない。倭大王《おおきみ》（治天下の王）、倭王政権成立に

ついてもこの対立が影響を与えている。諸説を紹介する。

イ　都出比呂志氏の見解

弥生時代の戦争は4区分される。第1は前期の山、川など地理的条件で区切られた小地域での水、土地の分配を巡る争、第2が中期の国を築く過程の争、第3が2世紀末の倭国大乱、西日本全体を巻き込んだ大ブロック統合の争で卑弥呼を諸国王が共立して収束した。第4が狗奴国（東海の勢力とみる）を中心とする東日本と西日本の争で台余が収束させ、倭大王、倭王政権が大和に生まれたとする。

ロ　白石太一郎氏の見解

・奴国、伊都国を中心とする北九州勢力が、後漢と結び、後漢の力をバックに鉄、文明の列島への持ち込みと配分権を握っていた。後漢の衰退とともに地位が低下、2世紀末、大和を中心とする邪馬台国連合と戦い、邪馬台国連合が勝利、鉄・文明の取得・配分権を奪ったのが倭国大乱であった。3世紀中頃、東海の狗奴国を中心とする東方連合と邪馬台国連合（西方連合）が戦い、邪馬台国連合の勝利ないし主導で和平、東方連合（前方後方墳連合）が邪馬台国連合に参加、東西連合合体で倭王政権が成立した。

出雲、丹後などは独自の鉄入手ルートがあり東西連合の戦いには加わらず、戦後、政治連合に参加した。

1～2世紀には中国鏡の出土は圧倒的に北部九州に集中しているが、その後の画紋帯神獣鏡、三角縁神獣鏡は近畿中心に出土すること、近畿・瀬戸内の土器は北部九州から多数出土するが、北部九州の土器は近畿・瀬戸内から出土しない（土器も人も移動していない）ことを証左として、3世紀初頃、三角縁神獣鏡出現前に北部九州から近畿への権力移動があったとする。

白石説については、戦乱の物証に乏しいとの反論もある。

・2世紀中頃には大和が吉備と協力してきた北九州を支配下においており、倭国大乱は大和と出雲の戦であったとの見解もある。

・吉田昌氏は、奈良県天理市にある東大寺古墳（和邇氏の本拠）から中平（184～189年、後漢霊帝治世の年紀）の年号入りの鉄刀が出土しているが、鉄刀は倭国王卑弥呼が倭国大乱後に後漢王朝に接触しようとした際、後漢か、公孫氏から下賜されたものとみる。

ハ　小林敏男氏の見解

佐賀の山門郷（北九州）に倭国、卑弥呼の女王国があった。倭国大乱で女王国が覇権を握り、対馬、一支、末盧、伊都、奴、不弥、倭国の７国連合体を形成、遠方の投馬、邪馬台国と小国21か国を勢力下に置いた。狗奴国（熊襲）は南九州を制圧、３世紀には女王国に対抗した。

崇神、垂仁天皇に時代には、九州の卑弥呼、台与の倭国と大和の邪馬台国が併存、景行天皇時代に九州の女王倭国は邪馬台国に滅ぼされた。

ニ　北九州勢力東遷による倭王権成立の見解

・神武東征は九州邪馬台国東遷を示すとする見解。
・日向の西都原古墳群を築いた神武勢力が東遷したとする見解。
・九州女王国内で卑弥呼に敗れた一派が東遷して大和の邪馬台国を築いたとする見解。
・九州の卑弥呼女王国を倒した狗奴国が東遷したとする見解。

様々な見解があるが、いずれも裏付けとなる考古学資料はない。

ホ　江上波夫氏の北方系騎馬民族征服王朝説

朝鮮半島北方居住の騎馬民族が南下、４世紀後半に北九州に上陸して建国（崇神）。４世紀末から５世紀初に応神が河内、大和進出、在地勢力を武力で倒し王朝を拓いたとする。

今日では支持されていない。

へ　気候変動による倭王政権成立説

・紀元前後からの日本の気候が寒冷化・湿潤化し、それに伴い多雨、洪水、作物不作、飢饉、疫病蔓延、流民が発生した。弥生後期の中核的環濠集落（数百とみる）が一斉に衰退ないし終焉。新たな耕地、物資を求め移動した人々の生存戦略が統一国家をもたらした（崇神紀の記述にも疫病流行が記述される）。ゲルマンの民族移動、中国の黄巾の乱と同様なことが日本でも生じたとする見解。

・災害に見舞われた人々は、当時、列島内に知られていた三輪山の神（大物主）に救いを求めて大和盆地に集まった。その中心は出雲勢力で三輪山の神（大己貴神《おおなむち》）を大国主神（出雲の神）と同一神として祭った。吉備が出雲の盟友となり、丹波、越、大和、尾張、四国、伊都勢力が連合してヤマト連合王権が出雲勢力を中心に成立した。九州は寒冷化の災害が軽微で大和盆地を目指さなかったとする見解。

第２章　箸墓古墳（前方後円大古墳）の出現――古墳時代・倭大王時代へ

倭大王の出現、倭王政権の成立は、古代国家倭の成立を意味する。倭王政権は、諸国の王（大首長）の連合政権で、その証として倭大王はじめ諸国王が画一的な型式の前方後円墳を列島各地に築造するようになる。

奈良盆地の前方後円墳を基礎に、吉備の特殊器台・特殊壺を古墳の周囲に巡らせ、出雲、北九州、四国などの列島各地の弥生大墳丘墓の要素を総合化したもので、連合王権成立の証であり、首長祭祀の確立であった。

ヤマト王権築造の最初の巨大前方後円墳が箸墓古墳である。

１　前方後円墳の出現

箸墓古墳（全長２７６ｍ）の出現は弥生時代と古墳時代を画するものであり、倭大王を中心とする新たな秩序の始まりであった。築造は3世紀中頃とみられている。箸墓古墳は崇神天皇の時代に造られたと日本書紀は記される。その後、奈良盆地に次々と倭大王の巨大古墳が築造されていく。

イ　箸墓古墳

①　箸墓古墳の概要

・奈良県桜井市にある。箸墓古墳は崇神天皇時代の大巫女であった倭迹迹日百襲姫命《やまとととひももそひめのみこと》（8代孝元天皇の異母妹　三輪山の祭神大物主の妻）の墳墓とされる。皇室御陵のため発掘調査は行えず、陵内部の詳細は不明であるが、壕の最下層から布留式土器、周辺から吉備、濃尾平野の土器とみられるものが出土している。築造は２４０～２６０年頃とみられる（白石太一郎氏）。

・全長２７６ｍ、後円部径約１６０ｍ・高さ25ｍ、前方部幅約１４０ｍ・高さ15ｍ。後円部は5段、前方部バチ型の最西部は4段の段築。周囲の堀には土橋があり、築造時には空堀で水は無かったとみられている。北側には箸中大池がある。

・日本書紀の崇神10年の条に、百襲姫が亡くなり大市《おおち》に葬った。墓を名付けて箸墓という。墓は、昼は人が造り、夜は神が造った。「大坂山（二上山の北側の山とされる）の石を運び造る。則ち山より墓に至るまでに、人民相つぎて手逓伝にしては運ぶ」と記される（大坂山の石は葺石に使われている）。

吉備の特殊器台（宮山型）が後円部周辺から出土、狐帯文がデザイン化して付けられている。周濠内の堆積土から木製の鐙（あぶみ馬具）出土（乗馬は5世紀、半島から伝来とされている）。

②　誰の墳墓かについての諸説

・魏志倭人伝には「卑弥呼以て死す。大いに冢《ちょ》を作る。径百余歩（１５０ｍ）、殉葬する奴婢百余人」とあることから、大和・出雲・吉備などの大首長達がそれぞれの地域の埋葬方法、葬送儀礼を持ち寄って首長連合の王卑弥呼の墓を造り、卑弥呼の霊が新しくでき上がった倭王権を守護してくれることを願ったもの、背景には大きな政治的変革があったとし、箸墓古墳は卑弥呼の墳墓とする説がかなりの数の学者により唱えられている。

箸墓の前方部は後からつけられたとする見解もある。

・箸墓には殉葬（強制的に殺される）の痕跡はないことから、倭人伝は中国の当時の葬送儀礼に基づく記述で、事実とは考えられないとする見解もある。

・箸墓古墳を卑弥呼の後継者の台与の墳墓とみる説もある。

□　箸墓に続く前方後円墳

①　箸墓に続く巨大な大王古墳

奈良盆地東南部に、箸墓古墳（２７６ｍ）に続いて、西殿塚（２３４ｍ　前方部撥型）、桜井茶臼山（２００ｍ　柄鏡型）、メスリ山（２２４ｍ　柄鏡型）、行燈《あんどん》山（２４２ｍ　崇神陵とされる）、渋谷向山《しぶたにむかいやま》（３００ｍ　景行陵とされる）などが3世紀中葉から4世紀中頃にかけて相次いで築造された。いずれも倭王ないし王族の墓とみられている（一帯はオオヤマト古墳群と総称される。倭王と王族・姻族を被葬者とする古墳も集まっている）。纏向遺跡後期と一致する。

②　前方後円墳の全国展開

・前方後円墳は、３世紀後半から4世紀前半にかけて北部九州にいたるまでの西日本の広い範囲に築造される。

・濃尾平野では、大和で前方後円墳が成立した頃、前方後方墳が造られ拡がっていくが、やがて、前方後円墳が採用される。

4世紀後半には前方後円墳は九州南部（鹿児島県肝付町塚崎古墳群39号墓）から列島東北部（最北は岩手県胆沢町角塚古墳、新潟県胎内市城の山古墳）まで広がる。

ハ　前方後円墳築造開始の持つ意味

・巨大前方後円墳は、弥生墳丘墓の地域性を断ち切り、各地（大和や瀬戸内地方の墳墓型、吉備の特殊器台・埴輪、出雲の葺石、筑前の鏡大量副葬・割竹型木棺など）の墳丘墓の要素を複合させ、多元的な地域関係を背景とした連帯組織を創出、全国各地が同一様式の古墳築造、広範囲の有力者が同じ儀礼で結びついたことを示している。同時に、倭大王の巨大古墳を頂点とした規模の格差が生まれた。

・副葬品の量も飛躍的に拡大する。三角縁神獣鏡（卑弥呼の最初の魏への遣使時期と重なる景初、正始の年号を持つ　後述）も新時代の指標となる。三角縁神獣鏡は、共有、紐帯を示す指標であると同時に、神獣鏡の保有量は格差を示す指標でもあったとされる。

ニ　前方後円墳の由来

巨大前方後円墳は墳丘の巨大さが強く求められた。制度が未熟でありながら階層化が進んだ社会で発達するもので、文字に表す宗教、法が社会を律し始めると衰退するとされる。日本の古墳時代は3世紀中頃から6世紀まで350年続いた。全国で約4700基が確認されている。

ホ　前方後円の形の由来の諸説

①　天円地方説

方形（方丘）と円形（円丘）の結合したもの。中国古典にみえる「天円・地方」という古代中国の天地・宇宙観に由来する。前方後円墳上で王権（首長権）継承の儀礼が行われた（通説）。

②　楔型後円墳説

前方後円墳というが、形は先の尖った三角形の楔が後円部に打ち込んだ形に近いとする（寺沢薫、橋本輝彦氏）。松本清張氏は男女交合の形であり、亡き人が蘇るとする。

③　撥型後円墳説

発生期の前方後円墳は、前方部が撥型の末広がりに開いていることが特徴とする（近藤義郎氏）。

④　広口壺形墳説

広口壺を写したものとする。弥生から古墳時代にかけては銅鐸、銅剣、銅矛のように実用的なものを大きくする拡大志向の時代であった。前方後円墳も前代の甕棺や壺棺を拡大したもの、死者の霊魂があの世に向かう回路とみる（島田貞彦、三品彰英、辰巳和弘氏）。

⑤　**壺形蓬莱墳説**

大林組プロジェクトチームの推計によると、大山古墳（仁徳天皇陵）を古代工法で造るには15年8か月の歳月、延650万人の労力、800億円の工費がかかるとされる（1985年試算）。それだけのものを造るには大きな理念があった筈で、前方後円墳の形の正体は不老長寿の仙境、蓬莱山（壺形とされる）であるとする。卑弥呼は倭国の人々に「死後、蓬莱山に渡って不老長寿の仙人の仲間入りをする」と教え、蓬莱山の可視的ミニチュアとして壺形の前方後円墳を作り出したとする。

三角縁神獣鏡には神仙や聖獣が彫られており、唐古・鍵遺跡の鳥の止まった楼閣も蓬莱山のゲートかもしれないとする（岡本健一氏）。

⑥　**人形説**

先王を祭るため人形（ひとがた）の墓としたとする（田中英道氏）。

2　前方後円墳の初期展開

イ　古墳時代初期の大王墓と諸説

既述のように、箸墓に続き、西殿塚（天理市、台与墓説あり）、桜井茶臼山（桜井市）、メスリ山（桜井市）、行燈山（天理市。4世紀前半築造説あり。古事記で崇神陵とされる。

崇神は戊寅年没とされ、258年、318年没両説あり）、渋谷向山（310m、天理市、4世紀中葉築造説あり、景行陵とされる）などの巨大古墳が3世紀中葉から4世紀中葉に相次いで築造された。築造、被葬者については諸説がある。

ｉ　初期ヤマト政権の盟主墓とみる見解　箸墓―西殿塚―桜井茶臼山―メスリ山―行燈山―渋谷向山の順に築造。いずれも庄内式土器の時代の墳墓で、ヤマトの3～4の有力集団から交代で大王が選ばれたとする（白石太一郎氏など主流説）。

ii　茶臼山、メスリ山は撥型でなく柄鏡型で周濠がなく、単独で築かれており、立地も盆地周縁部であることから傍系の地位の人物墓とみる（広瀬和雄氏）。政権内最高の廷臣（大彦《おおびこ》か、武淳川別《たけぬなかはわけ》）の墓とみる見解（塚口義信氏）。

iii　箸墓の後、西殿塚―行燈山、桜井茶臼山―メスリ山の2基の系統が併存してオオヤマトの経営にあたった、その後に渋谷向山に統合したとみる。茶臼山古墳は東国政策（古墳所在の磐余《いわれ》は東国政策の最前線）を象徴、西殿塚被葬者との間で役割分担。東国問題はなくなり、系列分離の必要性がなくなって渋谷向山で統合、王権は安定期を迎えたとする見解（石野博信、千賀久氏）

iv　当時はヒメ・ヒコ制の時代で、箸墓―西殿塚―行燈山は祭祀王の墳墓、桜井茶臼山―メスリ山―渋谷向山は執政王の墳墓とする見解（岸本直文氏）。ヒメ・ヒコ制であっても男王は後円部、女王は前方部に葬られたとする見解（白石太一郎氏）もある。

ロ　桜井（外山）茶臼山、メスリ山古墳

2つの古墳は発掘され内容が解明されている。古代の男王墓とされる。

①　茶臼山古墳

茶臼山古墳は、尾根を切断利用、全長２００ｍ、後円部径１１０ｍ、前方部幅60ｍ、後円部3段、前方部2段、墳丘斜面に葺石。

後円部頂上下に石室（全面朱が塗られ、敷石上に木棺）、その盛土上には方形壇があり壺が取り囲む。石室内には石製品（玉杖、玉葉など）、銅鏡片（中国製と三角縁神獣鏡）、武器などの鉄製品（刀剣。鉄鏃など）。

②　メスリ山古墳

・メスリ山古墳は、全長２２４ｍ、後円部径１２８ｍ・高さ19ｍ、前方部幅80ｍ・高さ８ｍ。後円部3段。後円部頂上の平坦部の縁を円筒埴輪列が取り巻く（直径33ｍ）。埴輪（内側に円筒埴輪（１１９㎝）69本、外側に１０7本、大型の特殊円筒埴輪（２４２㎝）と高坏形埴輪も配する）に囲まれた竪穴式石室、石室内の粘土の棺床に木棺。石室は盗掘されていたが、鉄刀剣、玉・石製品、銅鏡片など残存。副室があり鎗、鉄製弓矢、鉄刀剣、

農工具、碧玉製品、銅鏃・石鏃の矢など副葬品出土。
・遺体は木棺に納め、石室に入れて粘土で密封、さらに、周囲に柵列して埋葬区画を遮蔽、墓所で飲食を捧げている。旧首長が蘇って生者に害を与えないように、祟らないように死者を封じ込める、同時に、首長の遺骸と霊を皆で大切に守るという意味があったと解されている。
・弥生時代の終り頃、西日本のいくつかの地域では棺と槨を伴う木槨墓が成立していた。

3　古墳築造の展開

イ　大王古墳の展開

・奈良盆地は東南部の大和、北部の會布《そふ》、西南部の葛城に分かれる。４世紀後半、オオヤマト古墳群の後（纏向は消滅、都は佐紀（奈良市の北方）に移った）、會布の佐紀古墳群（佐紀石塚山古墳（全長２１８ｍ、成務陵とされる）など）、西南部の馬見古墳群、４世紀末から５世紀にかけて大阪平野南部の古市古墳群（５世紀前半築造の譽田御廟山《ごんだごびょうやま》古墳（全長４２０ｍ、応神陵とされる）など）、和泉南部の百舌鳥《もず》古墳群（５世紀初築造のミサンサイ古墳（４００ｍ、履中陵とされる）、５世紀前半築造の大山陵古墳（５００ｍ、仁徳陵とされる））へと築造地が移る。

仁徳は5世紀前半没とみられているが、大山古墳墳丘で発見される須恵器は5世紀後半から6世紀初のものであることから、仁徳陵はミサンザイ古墳ともされる。

・古墳の副葬品は、３世紀後半から4世紀は銅鏡、石製腕飾り、玉類中心であるが、５世紀になると鉄製鎧、兜、刀剣、矛、矢尻が大量に副葬されるようになる。

・畿内でも淀川水系では大古墳は少ない。古代倭政権の地域的基盤は畿内南部の大和川水系及びその周辺の大和、河内、和泉で、畿内北部の淀川水系の摂津、山城は王族に含まれていなかったことを示しているとされる。弥生後期の土器の様相も異なる。

・古墳は、本来、被葬者の本貫地に営まれるもので、奈良盆地から大阪平野への倭王古墳の移動は大阪平野南部の南河内、和泉の勢力が王権を掌握したとみる見解（宮も応神は難波大隅宮、仁徳は難波高津宮）と王朝交代ではなく朝鮮半島や中国南朝との外交進展、河内平野の開拓の進行に応じて王都を大阪平野に移したとみる見解がある。

ロ　諸国大首長の古墳

・4世紀末から5世紀初には、大和、河内に２００ｍクラスの前方後円墳が現れる。5世紀前半から中葉には吉備に造山古墳（３６０ｍ、岡山市）、作山古墳（２８６ｍ、総社市）などの大古墳が築造されている。各地に大王家に近い力を持つ豪族が存在したことを示している。
・５世紀半ばまでは倭王権はトップではあるが強い統一王権ではなかったとみられている（奈良葛城の葛城氏は大勢力で５世紀に葛城襲津彦が半島から多数の工人を葛城に連れ帰るなどしている）。倭王が外敵を求めて半島に侵攻し、高句麗、新羅と戦ったのも弱い王権の故とみる見解もある。
・５世紀中葉以降の雄略の時代に吉備、葛城を制圧、大王の集権化が進んだ（後述）。

4　前方後円墳の持つ意味とその終焉

・弥生後期の様々な巨大墳墓、そして、その究極の姿としての前方後円墳は文字なき時代に社会的格差を示すモニュメントであった。
・4～5世紀の朝鮮半島への進出、大陸との通交で、５世紀後半までには鉄、陶器、馬などが列島に広範囲にいきわたる。６世紀中頃には鉄素材の列島内での生産が本格化する。
文字も5世紀には使われるようになり、６世紀は文字使用の画期とされ、７世紀には支配層のなかでは全面的に使用される。

こうした状況の中で、５世紀後半には前方後円墳は縮小、６世紀には横穴式石室墓が採用されていく。６世紀末の推古の時代に古墳時代終焉。文字の使用がモニュメントを営む必要性を減却したとされる。

5　古墳時代人の生活

・米は稲穂を臼と杵でついて玄米にし、甕で煮て粥で食べていた。５世紀に蒸し器の甑《こしき》が大陸、朝鮮半島から入り、蒸した米（強米《こわめし》）が広がる。煮て蒸して水分を飛ばす現在の炊飯は鎌倉時代からとされる。

・古代人の衣装は男女ともツーピース。上半身は、筒袖、襟を前で合わせ（当時は左前、右前になるのは奈良時代とされる）、紐で結び、帯を締める。下半身は、男は袴（幅広のズボン）、膝のところを緒で絞め、沓を履く。女は足元まで隠れるスカート状の裳を纏う。材質は大麻、芋麻《からむし》、絹は贅沢品、木綿の普及は16世紀頃である。男のヘアースタイルは美《み》豆良《ずら》、女は長髪を様々に結った。

第３章　中国史書の伝える倭、邪馬台国

日本の歴史を記す古事記、日本書紀が編纂されたのは奈良時代の始まる８世紀初である。

6～7世紀に帝紀、旧辞や天皇記・国記（推古の時代）が編纂されたが、現存しない。1～3世紀に奴、伊都、邪馬台国などの使者が朝鮮半島、大陸と往来しているが、当時の倭人が記した史書はない。奈良時代が始まるまでの日本の歴史の一部を僅かに記す現存する史料は、後漢書、魏志倭人伝、広開土王碑、宋書などに止まる。以下に魏志倭人伝を中心にそれら国外の史料の伝える列島のあり様を辿る。

第1節　後漢書倭伝

1　奴国～志賀島の金印

・後漢書には奴国の朝貢につき以下のような記述がある。
建武中元2年（57年）「倭の奴国が後漢光武帝に奉貢朝賀す。使人自ら大夫と称す。倭国の極南海なり。光武賜うに印綬をもってす」。倭は「みにくい、おとなしく従う、チビ」の意もあり、中国が夷荻を蔑む語であろう。
・1784年「漢委奴国王」の金印が博多湾志賀島で発見され、志賀島の金印として有名である。福岡平野の那珂・岡本遺跡は奴国跡とされ、奴国は当時の北九州の主要国であった。

金印印綬の王より50年以上前の奴国王墓からガラス璧（中国皇帝が王の証として授与するとされる）が出土しており、奴国王は金印印綬の王以前から中国に王として認められていたのではないかとされる。

2　倭国王帥升

・後漢書には安帝永初元年（１０７年）「倭国王帥升等、生口１６０人を献じ請見を願う」とある。

倭国王帥升《すいしょう》と記述されることから、倭国王の存在を示すとみる見解、倭国の王師（国王に至らぬ政治集団の長）の升達が使を送ったと読むべきとする見解もある。

唐代編纂の「通典」などには「安帝の永初元年、倭面土《めんど》王帥升ら生口を献ず」と記されることから、「倭面土王」を「倭の伊都国王」と解する見解、「倭国王」と解する見解、玄界灘沿岸諸国（伊都、奴、末盧など）が連帯して遣使したと解する見解がある。

生口とは奴隷のことで、奴国中心の首長勢力と伊都国を中核とする首長勢力の戦争があり伊都国側が勝利、その際の戦争捕虜とみる見解もある。

・既述のように、糸島平野の三雲南小路遺跡、井原鑓溝遺跡、平原遺跡は伊都国の遺跡とされ、王墓がある。いずれも鉄入手や大陸往来の要衝にあり、後漢の威力を背景に勢力を持ったとされる。

第2節　魏志倭人伝

1　魏志倭人伝

イ　編者

魏志倭人伝とは三国志の編者陳寿（233〜297年　西晋の著作郎、中正、御史、蜀出身）が記した三国志の中の魏書・東夷伝・倭人条のことである（285年頃完成とされる）。

陳寿は、魏の史官魚拳が書いたが魏略（魏が帯方郡に置いた使者が倭国に行った時の報告をもとに書いたものとされる。散逸して現存せず）を基にして書いたとされるが、魚拳が魏略を書いたのは晩年で、陳寿の魏志と同じ時期であり、それは微妙との見解もある。両者とも官衙の外交資料を利用したとされる。

ロ　三国志とは

三国志とは魏蜀呉の歴史を記した史書である。

魏（２２０～２６５年）は曹操が著名。首都洛陽　黄河流域にあった。西晋（２６５～３１６年）に引き継がれる。

蜀（２２１～２６３年）は劉備玄徳、諸葛孔明が著名。首都成都、揚子江上流にあった。

呉（２２２～２８０年）は孫権が著名。首都建業（南京付近）、揚子江中下流にあった。

遼東半島に公孫氏（１９４～２３８年）、朝鮮半島には馬韓（後に百済）、弁韓（後に伽耶）、辰韓（後に新羅）があった。

３１６年に西晋が滅び、五胡十六国時代の乱世となる。

八　魏志倭人伝の留意点

・古書であり、何度も書き写されており、写し誤りも多い。邪馬台国（臺）を邪馬壱国、一支国を一大国、卑弥呼の初めての魏王朝との通交した景初３年６月を２年６月とするなどが、後世、誤りと指摘されている。
・邪馬台国は倭語を漢字で表現したもので「ヤマト国」と読む。
・倭人伝は、陳寿が魏の人々の残した記録をもとづいて書いた史書であり、中国人の見た倭であること、魏の訪日使節は北九州の伊都国まで行きそこにとどまり、邪馬台国までは行っていない可能性もあること、従って、見聞記述も北九州に関することと考えられることなどに注意して読む必要があるとされる。
・倭人伝の記述についてはこれまで様々な角度から研究、議論されている。それらを紹介しつつ史実を考察したい。

2　朝鮮半島帯方郡から邪馬台国への行程、日本の位置について

イ　倭人伝の記す邪馬台国への行程

・「倭人は帯方（朝鮮半島の漢の支配地　帯方郡）の東南海上の中にあり、山島によりて国邑をなす。旧（もと）百余国。漢の時　朝見する者あり、今、使訳通ずるところ三十国」で始まる。倭が多数の国からなるとしている。
・倭への道程は、帯方郡から朝鮮半島沿岸を水行、半島南端の狗邪《くや》韓国まで7千余里、そこから千余里で日本海の対馬（千余戸）、南へ千余里で一支国（3千戸ばかり、壱岐）、南へ千余里で九州の末盧国（まつら　4千余戸、佐賀県松浦郡呼子から唐津付近、桜馬場遺跡は王墓）、東南へ陸行500余里で伊都国（千余戸）、郡使の往来常にとどまる所（福岡県糸島市中心に福岡市西区の一部を含む糸島地方）、東南100里で奴国（2万余戸、博多付近）、東行100里で不弥国（千余戸、飯塚市界隈説、宗像市一帯説あり）、南へ水行20日で投馬国（つま、5万余戸　戸数が邪馬台国の次に多い）、南へ水行10日、陸行1月

で女王の都する所、邪馬台国（7万余戸）に至る。郡より女王国まで万二千余里。「女王国より以北は、次に斯馬国あり、次に已百支国あり、…次に奴国あり（全部で21か国）。これ女王の境界の尽くる所なり。その南に狗奴《くぬ》国あり、男子を王となす。その官に狗古智卑狗《くこちひく》あり。女王に属せず。」とある。

・女王に属する国は併せて29国。女王支配境界に接する狗奴国は女王国に敵対と記述され、倭国女王に属する邪馬台国連合と対立する狗奴国の存在が記される。倭国、女王国、邪馬台国それぞれの存在を認識している。

ロ　記述の解釈

①　行程

・晋代の尺度は1里＝432m、一日の歩行距離は通常50里（22km）とされる。その尺度で倭人伝をそのまま読めば、邪馬台国は九州の南方海上にあることになる。続く箇所で、「倭国は会稽《かいけい》（浙江省）と東治《とうや》（福健省福州）の東にある」としており、倭を南方の多くの島からなる国、沖縄、台湾の近くで呉に近接する国と認識。それ故、呉と対立する魏は卑弥呼の遣使を歓迎したと考えられる（後述）。

・北九州上陸後の行程の解釈は、邪馬台国が九州か、大和かの論争に関連して分かれる。

邪馬台国大和説は南行は東行の誤りで、東行すれば大和に到達するとする（投馬《つま》国は瀬戸内経由だと岡山（福山か鞆）、日本海経由だと出雲とみる）。

北九州説は伊都国以降の行程は全て伊都国からの距離を示すものとする。

対馬海峡は全長約２００㎞であるが、倭人伝はこれを３千里とする。そうすると倭人伝の千里は約70㎞、１里は70ｍ程度となる。北九州上陸後の邪馬台国まで２千里余は１４０㎞程度となり、陸行には馬がなく徒歩、使節は輿を使用したであろうし、川の遡行は時間を要したであろうから邪馬台国は九州に在ったとみるべきとの見解もある（長浜浩明氏）。

②　戸数など

・戸数は記述される合計だけで15万戸となる。高句麗戸３万、韓総数10余万戸（東夷伝記述）と比べると多く、魏は倭国を東夷伝中の大国と見ていたと思われるが、戸数が実数を示すかは疑問があろう。

・諸国の官として、対馬、壱岐では長官は卑狗《ひく》（日子、彦か）、副官を卑奴母離《ひなもり》（鄙の番人の意か）とするなど８国の官を記すが、卑弥呼の命じた官ではなく、諸国の官とみられる。

ハ　考察

行程に示される里数、戸数は正確なものではなく、百、千、万といった感覚的、大雑把なもの（遠いか近いか、多いか少ないかの感じを示す程度のもの）と考えるべきでなかろうか。

里数については、千里は遠い、百里は近い、万里は遥かな遠方の感覚で使われているのではないかと考える。

中国に残された当時の地図からみて、中国人には倭国は南方にあり、南に長い島との認識があり、それをベースに記されたと思料する。記述された里数、方位をもとにして邪馬台国の所在地の結論を導き出すことは避けるべきではなかろうか。

3　倭人伝の記す倭人の習俗、社会

i　男子、皆、鯨面文身す（顔に入れ墨、体に文様）。漁業で潜水の際に大魚や水鳥を追い払うため、やがて、飾りとなった。国により、身分により異なる（入れ墨は戦士としての標識と解されている）。

・古より以来、その使中国に至るや、皆自ら大夫と称す。

・風俗淫ならず。

・男は「みずら」で、木綿の布を頭にかぶり束ねて結ぶだけ、婦人は髪を曲げて束ね、衣服は頭貫衣。
・稲、麻を植え、蚕に桑を与え糸を紡ぐ。牛、馬、虎、豹、羊、鵲はいない。
・兵は、矛、盾、木弓、矢は鉄、骨の鏃を持つ。
・裸足、手食、朱丹を体に塗る。
・死に際しては、棺はあるが郭はない（北九州では事実）。土をもって冢を作る。喪に服するのは10日余り、その間、肉は食べず、喪主は泣きわめき、他の人は歌ったり踊ったり飲酒する。埋葬が終わると家中の人々が水中に入り洗い清める。
・渡海して中国に至るには持衰を伴う。持衰は髪を梳らず、シラミも取らず、服は垢で汚れたまま、肉を食べず、婦人に近づかず、旅が成功すれば生口・財物を与えられ、病・台風にあえば殺される。
・倭国では真珠、青玉がとれる。山は赤土が出る。樹木は、ウメ、ドングリ、クスノキ、ボケ、クヌギ、スギ、カシ、ヤマグワ、カエデなど。
・骨を焼き、卜占する。
・倭人の会合は同じところに座し父子、男女の区別なし。酒をたしなむ。大人に敬意を表す時は、跪拝する代わりに手を打つ。

・皆長生きで百年、もしくは80、90年生きる。

・偉い人は4、5人、庶民でも2、3人妻がいる（多妻はステータスシンボルとする）。婦人は淫らでなく（婚姻以外の男女関係につき淫らでない）、嫉妬もしない（多妻制の下での妻相互の確執がない）。

・泥棒もいないので訴訟もあまりない。法を犯すと（犯罪者は殺され）、軽い罪ならば妻子を取り上げ（奴婢に落とす）、重い罪は門戸（親族的結合体）及び宗族（広い意味での親族的関係にある集団）を没滅（奴婢に落とすか、皆殺し）する。

・税を納める倉庫がある。国ごとに市があり交易、大倭が監視（大倭は市を監督する任務と記されるが、市は物資の交易（重要なのは鉄の交易の管理、威信財の無秩序な流通の抑制）だけでなく、刑罰その他の公的行事が行われる場所でもあった。大倭は国の中でも特別な意味を持つ中心的な市（国邑）に配置されたものと解されている）。

・女王国以北に一大卒を置き、諸国を監視させている。一大卒は伊都国にある。国中に刺史（地方行政の長官）のごときものがある。

一大卒は卑弥呼任命の派遣官で、北九州を行政的、軍事的に統括、外交に関する実務（卑弥呼の使節派遣、帯方郡からの使者来訪時に港に出向き、伝送された文書、贈られた物品の点検、卑弥呼のもとに届く手配など）を執行したと解されている。

・伊都国は世々王あり、皆女王国に統属、魏からの郡使が留まるところ（伊都国は邪馬台国とは特別の関係にあったと推測される）。
・下戸（一般人）、大人（支配層）が道で出会うと、下戸は後ずさりして草むらに入る。何かを話すときは両手を地につけてひれ伏し、返事をするときには「おお（あい）」という。
ⅱ　習俗の記述は日本がかなり南方に位置するとの認識で記されている。筆者の持つ既存の知識、上陸した九州での見聞をもとに記したのではないかとも考えられる。倭国全体の実情を知っての記述かは疑われる。

4　倭人伝の記す卑弥呼、台与

イ　卑弥呼、台与の記述

・その国は、もとまた男子を以て王となし、とどまること70～80年、倭国乱れ、相攻伐すること暦年、すなわち共に一女子を立てて王となす。名付けて卑弥呼（日本の呼称を漢字で表現）という。
・鬼道に事え、能く衆を惑わす。年すでに長大なるも、夫婿なく、男弟あり、佐けて国を治む。王となりしより以来、見るある者少なく、女卑千人を以て自ら侍せしむ。ただ男子一人あり、飲食を給し、辞を伝え居処に出入りす。宮室・楼観・城柵、厳かに設け、常に人あり、兵を持して守衛す。

・景初3年6月（239年）、倭の女王、大夫難升米《なしめ》などを遣わし郡（帯方郡）に詣り、天子に詣りて朝献せんことを求む。太守（帯方郡）劉夏、吏を遣わし、送りて京都に詣らしむ。

その年12月、詔書して倭の女王に報じていわく、親魏倭王卑弥呼に制詔す。…汝献ずる男生口4人、女生口6人、班布2匹2丈…汝の忠孝、我れ甚だ汝を哀れむ。今汝をもって親魏倭王となし、金印紫綬を仮し、装封して帯方の太守に付し仮授せしむ。…また特に汝に…白絹五十匹、金八両、五尺刀二口、銅鏡百枚…皆装封して難升米…に付す。難升米を卒善中郎将に任ず。

正始元年（240年）太守…建中校尉梯儁《ていしゅん》等を遣わし、詔書、印綬を奉じて、倭国に詣り、倭王に拝仮。

4年（243年）倭王また太夫伊声耆《いせき》など8人の使節派遣。

6年　倭の難升米に黄幢《おうどう》を賜い、郡が仮綬。

8年　狗奴国と戦となり、倭女王は帯方郡太守に使節派遣、相攻撃する状を説く。塞曹掾史張政等を遣わし、詔書・黄幢をもたらし、難升米に拝受せしめ、檄《げき》をつくりて、これを告諭《こくゆ》す。

卑弥呼以て死す。大いに冢《ちょ》を作る。径百余歩、殉葬する者、奴婢百余人。

さらに男王を立てしも、国中服せず。更々《こもごも》相誅殺し、当時千余人を殺す。

また卑弥呼の宗女（一族の女）台与年十三なるを立て王となし、国中遂に定まる。…台与、倭の大夫夜邪狗《ややく》卒善中郎将等20人を遣わし、張政等の還るを送らしむ。男女生口30人を献上…。

ロ　記述について

①　卑弥呼について

・卑弥呼は倭国での呼称音「ひめみこ」を漢字で表したもので、日巫女、姫御子、日御子、日女子、姫子など女性の敬称とも解される。卑は中国の周辺国蔑視の風潮によると解されている。
・卑弥呼は「鬼道に事え、能く衆を惑わす」は、倭の原始的信仰に基づく神に仕える巫女を蔑んだ表現と解されるが、卑弥呼は中国の神仙思想ないし道教をとりこんでいたとの見解もある。
・女卑千人は、宮廷巫女集団、女神官で、千人は多いの意と解される。

②　卑弥呼共立について

i「男子をもって王となし、とどまること70～80年、倭国乱れ、相攻伐すること暦年、共に、女子（卑弥呼）を立てて王となす」とある。「共に立てる」すなわち「共立」とは嫡子でない者が王となる場合に使われる言葉とされる。

・倭王帥升の朝貢（１０７年）を男子王の時代とし、その後、70～80年の男子の倭王の時代を経て倭国内乱が生じたとみる見解もある。

・後漢書に「桓（１４７～１６７年）、霊（１６８～１８８年）の間、倭国大いに乱れ」、梁書には倭国内乱は「漢の霊帝の光和（１７８～１８４年）中」とあり、倭国内乱、そして、２世紀末ないし3世紀初に卑弥呼共立は事実であろうとみられている。

既述のように、内乱は北九州の首長勢力と近畿の首長勢力の争で、西日本の主要部を覆うものであった。大会戦はなく、近畿勢力が絶えず優位を保ち、和平成立の結果、近畿勢力が西日本一帯の優位確立、鉄の独占支配を北九州から近畿首長勢力が奪った争であったとする見解がある。北九州勢力は後漢王朝の勢威をバックにしていたが、後漢王朝は、匈奴、鮮卑の侵入、１８４年　黄巾の乱（五斗米道の乱）、１９０年　遼東半島の公孫度《こうそんたく》の自立、そして、曹操に実権を奪われ、２２１年　劉備の蜀漢建国、２２２年　孫権の呉建国、北九州は後ろ盾を失い弱体化していた（内乱の確証はなく、異説もあり、確定した見解ではない)。
・邪馬台国をはじめとする諸国の大人層が、「神の声を聞くことができる」シャーマン(死霊、祖霊、穀物神の憑依する者)卑弥呼を2世紀末に王として共立、倭国大乱は終息した。諸国間の対立を平和的に解決する方法であったのであろう。
卑弥呼はシャーマン能力により王と認められたのであり個人的資質あるいは卑弥呼の家系に潜む巫力に期待された。卑弥呼没後は男王ではまとまらず、卑弥呼と同様な資質のある台与で再びまとまったとされる。
ii 「鬼道に事え」、「男弟あり」については、卑弥呼はシャーマンで祭王、男弟は軍事行政の王で古代のヒメ・ヒコ制(聖俗二重王制)とする見解がある。

ハ　卑弥呼の外交

・外交関係の記載は信憑性が高いとされる。
・遼東半島で公孫度が後漢から独立、楽浪、帯方郡を抑えたことから、卑弥呼も公孫氏政権と交渉、交易の機会を持ったと推測される。魏が公孫氏を滅ぼし楽浪郡、帯方郡奪回直後の景初3年(239年)、卑弥呼は難升米を魏に派遣する。外交の機微に通じていたと言えよう。

・景初３年　魏の明帝没（34歳）、３代曹芳即位、正始に改元。12月　卑弥呼の使節大夫難升米等は皇帝に謁見。卑弥呼を親魏倭王とし、金印紫授のほか、絹、金、刀、銅鏡（１００枚）などの賜物を受けた。難升米も将位を授与されている。

魏に親魏倭王と認められたことは国際的に地位の保障を得たことであり、卑弥呼が倭人社会全体に支配権を持つことを魏王朝から公認されたことを意味する。

5　三角縁神獣鏡について

魏皇帝から卑弥呼に百枚の銅鏡下賜と記述される。出土遺物の三角縁神獣鏡には景初３年、４年、正始１年の字が在ることから下賜されたのは三角縁神獣鏡と見られている。

三角縁神獣鏡は、凸面、直径23㎝前後の大型鏡、外側を高くした三角形の縁を持ち、銅鏡の背面の中心部に不老長寿の神仙、神獣が彫られる黄金色の鏡である。

下賜されたのは百枚とあるが、国内では５００面ほど出土している。中国本土、朝鮮半島での出土はない。

桜井茶臼山古墳で26面、黒塚古墳（奈良県天理市、全長１２０ｍ、３世紀後半築造とみられている）で33面（棺外の両側に配置、棺内の被葬者頭部に画紋獣帯神獣鏡１面（径13・５㎝）配置）などが出土している。

イ　三角縁神獣鏡製造についての諸説

ⅰ　魏鏡説（魏の工房で特別に作られた説）

卑弥呼の初回使節は賜鏡百枚のほかに製造者から多数の三角縁神獣鏡を一括購入し持ち帰ったとする見解。

何回も訪魏しており、その都度、購入し持ち帰ったとする見解もある。

ⅱ　倭鏡説（日本国産説）

魏で出土していないことから呉の渡来工人製造とする見解（神獣鏡は呉に偏在するため）、日本工人製造とする見解もある。

ⅲ　楽浪郡で日本向けに製造説。

ⅳ　下賜否定説

近畿で3世紀の土器と一緒に出土するのは方格規矩鏡、画文帯神獣鏡であり、卑弥呼の下賜されたのもこれらの銅鏡で三角縁神獣鏡ではない。三角縁神獣鏡は3世紀末から4世紀初の布留式土器と一緒に出土することが多く、3世紀のものではないとする見解。

ⅴ　詳細分析による見解

・三角縁神獣鏡は、詳細には5段階に分類され、1段階は景初3年、正始1年鏡などの240年代もの、2段階は250年代もの、4段階までは舶載神獣鏡、5段階目は傍制鏡

（国産鏡）とし、1～4段階についても、半世紀程度の長期編年説と短期編年説がある。断面形だけでも形態変化があり、短期とは見られないとする。5段階目も長期の幅があり4世紀後半にまで至るともされる。

ロ　三角縁神獣鏡の配布

三角縁神獣鏡は一旦は女王卑弥呼の蔵に納められ、古墳時代（崇神以降）になって以降、大王から葬儀の際の贈り物（大王の恩頼《みたまふり》）として下げ渡され、柩外に大量に置かれたと考えられている。古墳に鏡を副葬するのは避邪のためと解される。

台与の時代（２８０年代）に魏が滅亡、中国王朝の権威が変質、鏡を大切にすることは廃れ、副葬して過去を清算したとの見解もある。

ハ　考察

三角縁神獣鏡は卑弥呼が魏皇帝から下賜されたものに始まるが、その後、倭国内でも製造され、倭王朝開始後、各地豪族に威信財として下賜されたものと思料する。

6　狗奴国との戦、卑弥呼の死

イ　狗奴国との戦

・卒善中郎将難升米は魏王朝から「黄幢」（旗幟の一種で軍事指揮権の象徴、布製、中空の円錐形の旗と推定される）を与えられる。「黄幢」は正始6年（２４５年）に与えることが決められたが、実際に与えられたのは8年であった。

6年頃に魏は高句麗と戦っており、この年の魏の倭への「黄幢」付与は、この戦争を南から牽制させるため倭と軍事的連携を図る意図があったとされる。

8年には高句麗戦は小康状態にあったが、倭国内で邪馬台国と狗奴国の戦争が始まり、邪馬台国支援のため難升米に「黄幢」が現実に齎された。魏の邪馬台国正式支援を意味する。

8年に魏は張政を倭国に派遣、詔書、黄幢をもたらし、檄をつくり告諭した。その際には武人、文人、兵器（武器、甲冑などの武具）ももたらされたとも推量される。

・魏が卑弥呼の支援要請にすぐに応じたのは、倭が魏の敵国呉の近くに位置するとの認識によるものであろう。

・狗奴国については、邪馬台国九州説では隼人・熊襲の国、大和説では濃尾説などがある（後述）。

ロ　卑弥呼の死

「卑弥呼以て死す」。卑弥呼の死は正始8、9年（248、249年）と推定される。築かれた「冢」（墓）は径百余歩（150m程度）と倭人伝は記述する。

・「冢」については、径百余歩は箸墓古墳の後円部径に相当すると解し、「冢」は箸墓古墳とする見解、中山大塚古墳（全長120mの前方後円墳、天理市在、逢坂山の石で造られている）とする見解、ホケノ山古墳とする見解などがある。

・卑弥呼の死が「以て死す」とされる。「以て死す」は「非常の死を意味する」と理解されており、不慮の事故死、自殺、過労死、非業の戦死、シャーマンの能力の衰えたことから殺されたなどの見解がある。

ハ　卑弥呼後継

・卑弥呼の後、男王が立つが国中服せず、千余人の戦死者の出る戦争となり、卑弥呼の宗女台与を立てることで国中が定まった。この戦は、倭大王成立の戦とも解される。

・晋の武帝の泰始2年（266年）11月　台与は遣使、張政の帰国を送らせ、生口30人など献上。

台与は倭王に冊封されず、以降、中国史書に登場しない。晋にとって呉との関係での倭国の戦略的重要性は失われていたのであろう。

魏の司馬氏が実権掌握、２６５年に武帝即位、晋王朝が始まった。２６３年　蜀漢滅亡、２８０年　呉滅亡。

7　邪馬台国はどこか

イ　邪馬台国の所在

・邪馬台国の所在地については古来、北九州説と大和説がある。
新井白石は邪馬台国畿内説、卑弥呼＝神功皇后説を唱え、後に筑後国山門説に転向。本居宣長は邪馬台国が大和であれば倭人伝の南は東としなければならず、投馬国から女王の都まで水行10日陸行1月の1月は1日の誤りとした。

東京帝大の白鳥庫吉は邪馬台国九州説、京都帝大の内藤湖南は畿内説を唱えるなど古くから所在地を巡る論争があり、決着していない。
・北九州説は、筑後国山門郡山門郷、肥後国菊池郡山門郷辺りを邪馬台国とする見解、吉野ケ里とする見解、筑紫平野、有明海沿岸に在ったが、まだ発見されていないとする見解など諸説がある。狗奴国は熊襲とする。
畿内説は、邪馬台国は奈良盆地、具体的には奈良盆地東南の纏向周辺とみる。狗奴国は尾張（東海）とみる。

ロ　考察

北九州説の山門郷辺りには女王国の宮があったとみられるような遺跡は発見されておらず、吉野ケ里は卑弥呼の宮とするには時代が古く無理がある。総じて北九州説は物証を欠くと言えよう。

2世紀後半に始まり4世紀中頃までは奈良盆地に古代都市纏向が造られ繁栄した時代であり、箸墓古墳築造、倭大王の始まりは3世紀中葉とみられることから邪馬台国は大和、奈良盆地にあったと考えることが妥当と思料する。

隋書は、推古のいる大和が魏志にいう邪馬台国と記述する。

第3節　広開土王碑、倭の5王

1　広開土王碑

イ　4世紀後半の大陸情勢

・4世紀の中国では、315年　西晋が匈奴侵攻で滅亡、5胡16国の乱世となる。朝鮮半島北部では高句麗が勢力拡張、３４６年　百済建国（馬韓）、３５６年　新羅建国（辰韓）、半島南部の弁韓諸国は小国分立のままで伽耶が盟主的存在であった。高句麗南下に伴い新羅は高句麗に服し、百済と伽耶諸国は倭国と結んだ。

・高句麗との戦いで百済は倭に軍事支援を求め、日本書紀では神功49年　将軍荒田別《あらたわけ》を派遣、百済の肖古王は神功に朝貢を誓い、神功52年　七支刀《ななつさやのたち》を送ったと記述する（奈良県石上神宮に現存　後述）。

ロ　広開土王（好太王）碑

鴨緑江中流北岸（吉林省集安市）に４１４年に建てられた広開土王碑に高句麗と倭の戦闘が記述される。広開土王は好太王ともいう。在位３９１～４１２年、39歳没、高句麗領土拡張に貢献（高句麗は都を鴨緑江中流右岸の丸都城（吉林省集安）から４２７年に平壌に移す）。碑は息子の長寿王建設の広開土王の顕彰碑である。

梯形四角柱、高さ６・34m、各面の幅は基底が第１面１・53m、第２面１・５m、第３面１・９m、第４面１・43m。

１８８０年代に発見され、陸軍参謀本部員の酒匂景信中尉が１８８４年に日本に持ち帰った（対清戦準備のため在地）。

ハ　碑文に記されること

碑文は１８００字、「欠落部分少なからず」とされる。

①　碑文に記されること

百済、新羅は高句麗の属国で高句麗に朝貢していた。

３９１年　倭が海を越えてやってきて百済、新羅を討ち臣民としたため、好太王は水軍を率いて百済を討った。

３９５年　好太王、周辺討伐開始。

３９６年　好太王、百済侵略、百済降伏、男女生口１０００人など献出、再び、高句麗の属国となる。

３９９年　百済、倭に臣従。新羅は倭に侵攻されるが高句麗に帰順。

４００年　高句麗歩騎５万で新羅を救援、倭撤退。

４０４年　倭が百済北域から高句麗領帯方郡に侵攻、平壌で高句麗と倭が戦闘、倭を退ける。

４０７年　高句麗歩騎５万で倭を破る。

②　碑文の真偽

・中国の三国史記には、広開土王が３９２年に百済攻撃・侵入、新羅とは親交を結んだ。

倭と百済は友好的外交関係にあった。新羅と倭については、３９３、４０２、４０５、４０７、４０８年に倭が襲来と記述するが、倭の臣民になったとは伝えていない。碑文には、倭が高句麗と朝鮮半島で百済、新羅領有を巡り戦い、高句麗が倭を退けたと記述される。日本書紀には神功の三韓（新羅）征伐の記述（後述）がある。４世紀末から5世紀にかけては朝鮮半島文化が日本に多く流入（馬、須恵器製造など）しており、半島南西部の5世紀代の古墳からは倭製とみられる武器が数多く見つかっている。４世紀末から5世紀に九州の豪族を中心とした倭軍が半島で活躍したことは真実であろう。沖ノ島出土資料から倭王軍出陣の戦勝祈願が沖ノ島で行われたことも推定されている。

2　宋書の倭の5王

中国の宋（４２０～４７９年）書に倭の5人の歴代の王が大将軍位を求め４２１～４７８年の間に、朝貢、遣使10回に及んだことが記される。目的は、朝鮮半島での優越した倭国王の地位につき中国の認知を得ようとすることにあった。

イ　宋書の記述

421年　倭讃（賛）が徐綬を求める（讃は履中（仁徳の皇子）。応神（讃はホムと読む、ホムタワケ＝応神）、仁徳説もある）。

438年　讃死して弟珍（弥）（反正　履中の弟）が立ち、使持節都督、倭・百済・新羅・任那・秦韓・慕韓6国諸軍事安東大将軍に叙することを求め、安東将軍・倭国王に叙す。

都督は皇帝の使者、諸軍事将軍とはその地域の軍事的支配権掌握者を意味する。420年に百済が鎮東大将軍に叙されており、倭が百済の上位の将軍に着くことは認められなかったとされる。

倭隋など13人に平西、征虜、冠軍、輔国将軍の号を求められ、これを許したと記述され（倭王以外の豪族も将軍名を得た）、諸豪族の力が強いものであった証左とされる。

443年　倭国王済（允恭　反正の弟）を安東将軍・倭国王に叙す（済は反正説もある）。

451年　済に使持節都督、倭・新羅・任那・加羅・秦韓・慕韓6国諸軍事を安東将軍の称号に加える。

462年　済没。世子興（安康　允恭の皇子）が遣使。興を安東将軍・倭国王に叙す。

興没、弟の武（雄略　允恭の皇子）立つ。

４７８年　武を使持節都督、倭・新羅・任那・加羅・秦韓・慕韓６国諸軍事安東大将軍、倭国王に叙す。

開府儀同三司（独自に府（官庁）を開設できる栄誉職）の叙任も求めたが却下された。

この時の武の上奏文には「昔より祖禰《そでい》みずから甲冑をつらぬき、山川を跋渉し、寧所いとまあらず。東は毛人を征すること55国、西は衆夷を服すること66国、渡りて海北を平ぐること95国」と述べ、日本全土並びに朝鮮半島も支配下にあるとしている。

ロ　当時の諸事情

・高句麗は征東将軍ないし車騎将軍、百済は鎮東将軍ないし鎮東大将軍（北魏対策）に任ぜられている。

新羅は高句麗に服従しており、百済は倭に近い。倭と高句麗の対立構造となっており、大将軍位を得ることは高句麗対策であったと思われる。

・履中、反正、允恭は仁徳と磐之姫の皇子、安康、雄略は允恭の皇子で、いずれも兄弟による大王位承継であった。

・４７９年　宋滅亡。倭は中国との冊封関係を軸にした関係を離れた。

3　倭軍の発展

・弥生時代の戦は短剣、弓矢、矛などで、小人数戦、集団戦もあった。武器は石器から鉄器に進化。北部九州では相当激しい戦があった（藤原哲氏）。
・古墳時代の初頭までは刀剣（１ｍ前後の直刀）による至近距離の白兵戦が主流であった。

3世紀半ばから後半にかけて弥生時代と隔絶した武器の副葬が始まる。武器保有が格段に進歩したことを示している。

佐紀・馬見古墳群勢は、突発的、近距離、短期間の組織的軍事行動が可能な段階に達していた。百済、伽耶からの軍事的要請を受けていた。甲冑、武器が急速に機能向上、農工具も携帯するようになる。

百舌鳥・古市古墳群勢には常備軍（恒常的な軍事訓練を受けた組織）が存在したとみられている。政権内の主導権掌握、朝鮮半島での軍事行動（高句麗の南下、百済、伽耶の救援要請）に対処するためであった（西川寿勝氏、田中晋作氏）。
・5世紀に倭軍が朝鮮半島で戦ったことは事実であり、そのためには相当な軍勢、軍備が整えられていたと思料される。その結果、多くの文明が倭国内に流入した（後述）。

第4章　古事記、日本書紀に記される倭国、倭大王の誕生

・第3章で中国の史料などに僅かに残された日本の古代の姿を紹介した。当時の日本には文字で記す文化は生まれておらず、文字で記した史料は存在しない。
　奈良時代初につくられた古事記、日本書紀が現存する最も古い歴史資料であり、太古からの日本の歴史が神話を含めて記されている。
・日本書紀によれば、天武10年（681年）3月17日　天武天皇から川嶋、忍壁皇子に「帝紀及び上古の諸事を記し定めよ」との詔があり、古事記、日本書紀編纂はこの詔に基づくとされる。2月25日には天武は律令制定を命じており、国史編纂は律令制定とともに中国に倣った国家制度確立の意図によるものであった。
　古事記は712年（元明女帝、草壁の后）、日本書紀は720年（元正女帝　元明の娘）と奈良時代初に完成、天武の詔から完成までにかなりの期間が経過している。両書の完成時期は近接しているが、日本書紀が日本の正史とされる。
・律令国家形成に伴い、官人は律令の知識が必須となったが、併せて、国家の歴史として

日本書紀の知識を身に着けることが必要となった。書紀完成後、朝廷では講書と呼ばれる日本書紀の講義が行われている。

・日本書紀は中国の正史である漢書、隋書、唐書などに倣い、帝紀（天皇の歴史）、志（国の行政、文化（音楽、祭りなど）、経済などの出来事や決まりなど記述）、列伝（功績のあった人物の伝記）の編纂を企図したが、紀のみの完成で終わったとされる。「日本書紀」と称されるのは「日本書　紀　巻第一」と書かれたことによる。

第１節　古事記、日本書紀編纂

１　記紀編纂の意図

イ　編纂の意図

・古事記の巻頭の編者太安万侶の元明への上表には、「諸家の所蔵する帝紀、本辞には真実と違い、あるいは、虚偽を加えたものが多いとのことだ…誤りを正しておかないと、幾年も経ないうちに眞の歴史が失われてしまう…帝紀と本辞は国家組織の原理を示すもので天皇政治の基本となるものである…正しい帝紀を撰んで記し、旧辞をよく検討して、偽りを削り、真実を定めて後世に伝えようと思うとして、天武が稗田阿礼（舎人、当時28歳、聡明な人とされる）に命じて帝皇の日嗣と先代の旧辞を繰り返し誦み習わせられた。…元明が和銅４年（７１１年）９月18日に私（太安万侶）に詔を下して阿礼が誦み習った旧辞を書き記し、書として献上せよとのことであったので、仰せのままに仔細を記録した…」とある。古事記編纂の意図を明らかにした記述となっている。

この序文は後世の人物（太安万侶の子孫の一人とされる多人長《おおのひとなが》ともされる）によるもので偽作との見解もあるが、古事記本文が日本書紀が作られる前に存在したことは間違いないと考えられている。

・日本書紀は舎人親王等により撰せられた。

ロ　帝紀・旧辞、そして、記紀編纂の必要性

ｉ　帝紀・旧辞

・帝紀は皇室の歴代の系譜及び皇位継承を記したもの。天皇の名前、宮の所在、皇子女の名前、御陵の所在、即位の経緯などを記したものとされる。

旧辞（本辞）は、上古のこととされる種々の物語。神々の物語、天皇の国内統治の物語、英雄の逸事などを記したものとされる。

・帝紀、旧辞がまとめられたのは継体（６世紀初）から欽明（６世紀中頃）の頃であった

とみられている。推古の時代（５９２〜６２８年）に聖徳太子、蘇我馬子により天皇記、国記が編纂されたとされる。しかし、いずれも現存しない。

ⅱ　記紀編纂の必要性

・５世紀の応神、仁徳から雄略までの時代は、王権強化、倭王への集権化が進んだ時代であった。しかし、その後、６世紀初めの武烈に後継皇子がなく、応神の後裔として即位に応じた継体も奈良盆地に王宮を構えるまで長い期間を要したとされる（応神王朝断絶、継体王朝誕生とも解されている）。さらに、継体没後、王位継承を巡り内紛、欽明が混乱を統一した。倭王朝にとって混乱の時代であった（後述）。継体、欽明は自らの王権の正統性を示す必要があり、帝紀、旧辞が編纂されたとみられている。

推古時代には、聖徳太子、蘇我馬子が中国の制度にならって天皇集権化のため歴史書編纂を必要としたとみられる。

そして、大友皇子を倒し、壬申の乱を征して天皇となった天武も国史を編纂、自らの即位、支配の正統性を示す必要があった。

・帝紀、旧辞、記紀作成は、歴史書編纂という中国の文化の影響があったが、時の大王権（天皇）の支配の正統性を示す必要という背景もあって編纂されたと解されている。

2　古事記と日本書紀

・古事記は「天地の初め」から推古天皇まで、日本書紀は神代から持統天皇までを記述する。

・神代の時代の記述は日本書紀と古事記は大分異なる。書紀は日本正史と認識の下に記述されている。大国主命の活躍も古事記には兄弟争いはじめ詳しく記されるが、書紀には正史に関わる国譲りに絞られている。

・古事記は漢文式和文体、日本書紀は漢文体で記述されており、書紀編纂には帰化人が多数関わったものとみられている。

・以下、神代（神話）の時代、倭王朝創設から確立の時期にあたる神武から欽明までの時代を日本書紀の記述にそって略述する。崇神以降について詳しく知りたい方は「倭　古代国家の黎明」を参照頂きたい。

第２節　神代の時代

1　天地開闢・国生み

・天と地は分かれていない状態があり、澄んだ部分が天となり、やがて、重く濁ったものは大地となった。天地のなかに国常立尊《くにのとこたちのみこと》、国狭槌尊《くにのさつちのみこと》、豊斟渟尊《とよくむねのみこと》3柱の男性神がひとりでに生じ、次いで次々と神が生まれ（一書には3柱神の次に高皇産霊尊《たかみむすひのみこと》）、やがて伊邪那《いざな》岐命《ぎのみこと》、伊邪那美命《いざなみのみこと》が生まれた。

伊邪那岐、伊邪那美の二神が天の浮橋の上から矛を指し下し、矛先からしたたった海水が固まってオノコロ島となる。そこに降り立った二神が陰陽始めて交合し、淡路州《あわじしま》、大《おお》日本豊秋津洲《やまととよあきずしま》、伊予の二名州《ふたなしま》（四国）、筑紫州《つくしのしま》（九州）を生み（古事記では、筑紫州は、白日別《しらひわけ》（筑紫の国）、豊日別《とよひわけ》（豊の国）、建日向日豊久士比泥別《たけむかひとよくじひわけべつ》（肥の国）、建日別《たけひわけ》（熊曾の国）と記される。律令国家では前3国は筑前、筑後、豊前、豊後、肥前、肥後の6国になり、早い段階で倭王権に編入された。熊曾は南九州全体を指し倭王権に属するのは遅く、日向は服属後の名称ではないかとされる。702年　日向の東半分が薩摩国として分離、713年　日向の4郡が大隅国として分離、残りが日向国（宮崎県）となった）億岐《おき》の三子州《みつごのしま》と佐度州《さどのしま》、越州《こしのしま》（北陸道）、吉備子州《きびのこしま》（備前児島半島）を生み、大八州国《おおやしまのくに》ができた。

次に、海、川、山、木、草を生んだ。

・伊邪那美は炎の神を生んだ時に炎に焼かれて没した。伊邪那岐が伊邪那美を連れ戻しに黄泉《よみ》の国《くに》（入口は出雲国にある）へ行く。伊邪那美は「自分の寝姿を見ないでくれ」と言うが、伊邪那岐はその言を聴かず見てしまう。伊邪那岐は、伊邪那美の膿ただれ、うじが沸いている姿に驚き逃げるが、伊邪那美が追いかける。伊邪那岐は逃げおおせたが、伊邪那美は1日に1000人殺すと言い、伊邪那岐は1日1500人生ませると言った。

2　高天原神話と大国主

・伊邪那岐は黄泉の国から戻った時、汚いところへ行ったので体を洗う。左眼を洗うと天照大神が、右眼を洗うと月読尊《つきよみみこと》、鼻を洗うと須佐能尊が生まれた。天照には高天原、月読には青海原の潮流、須佐能には天下を治めるように言う。須佐能は「根の国に行きたい」と言うので伊邪那岐は「望み通りにしなさい」と言った。

・須佐能は「根の国に行く前に高天原に行き姉の天照に会いたい」と言い、伊邪那岐は了承。須佐能は高天原で乱暴狼藉、天照は天の岩屋に入り磐戸を閉じ、このため国中常闇となってしまう。天鈿女命《あめのうずめ》が踊り、天照が「何の騒ぎか」と覗いたところを手力雄神《たちからおのかみ》が磐戸から天照の手をとり引き出し、明るさが戻った（天照は生命や秩序の象徴、須佐能は無秩序や混沌、死を象徴する存在として記されているとみられている）。

　高天原から追放された須佐能は、出雲の斐の川で奇稲田《くしなだ》姫と出会い、八岐大蛇《やまたのおろち》を退治、大蛇の尾から草薙剣《くさなぎのつるぎ》を得、天つ神に献上。

　姫との子が大己貴神《おおあなむち》（大国主、大物主ともされる）、須佐能は根の国へ行く。

・大己貴神と少彦名《すくなひこ》命が力を合わせて天下を造る。
少彦名は途中で常世国《とよのくに》に去り、大己貴が天下を統一した。そこに海上から幸魂《さきみたま》・奇魂《くしみたま》が現れ、「国を平らげる（葦原中津国建国）ことができたのは私があるからこそ」と言い、大己貴も首肯、日本国《やまとのくに》の三諸山（三輪山）に住みたいというので宮を作ってそこに住まわせた（古事記も同様の記述）。

3　出雲の国譲り、天孫降臨

イ　出雲の国譲り

天照の子が天忍《あめのおし》穂《ほ》耳尊《みみのみこと》、妃は高皇産霊尊の娘、生まれた子が瓊瓊杵尊《ににぎのみこと》。高皇産は瓊瓊杵を葦原中国《あしはらなかつくに》の王にしたいと考えた。そのため幾人もの使者が葦原中国に遣わしたが大己貴神に篭絡されて役を果たせなかった。高皇産は経津主《ふつぬし》神と武甕槌《たけみかつち》神を葦原中国に派遣。二神は出雲国五十田狭《いたさ》の小汀《こはま》に降り、大己貴神に国譲りを迫った。

大己貴神は息子（事代主《ことしろぬし》神）に相談すると答えた。出雲の美保碕で釣りをしていた事代主はそれを聞き、「父上は抵抗されぬのがよいでしょう」と答えて海中に退去した。

それを聞いた大己貴神は「頼みにしていた子はもういない。私も身をひく」と言って幽界に隠れた。その後、二神は従わない神を誅した。

□ 天孫降臨

ⅰ　瓊瓊杵尊が日向の襲《そ》の高千穂の峰に降臨。その地で木花開耶姫《このはなさくやひめ》を娶った。子が火闌降《ほすそりの》命《みこと》（隼人の始祖）、彦火火出見尊《ひこほほでみのみこと》、火明命《ほのあかりのみこと》（尾張連の始祖）。瓊瓊杵尊は筑紫の日向の可愛山に葬られた。

・これらは山上降臨型神話である。北方アジア系の典型的神話で弥生時代の渡来人がもたらしたともされる。

・高千穂の所在については、宮崎県高千穂町の高千穂と鹿児島との県境の霧島連峰の高千穂峰が最有力とされる。高千穂は九州の中央であり、日向上空に天との通路があると考えられたという見解もある。

ⅱ　火闌降命は海の幸を得る力、彦火火出見は山の幸を得る力があった。ある時、彦火は火闌降の釣針を借りて釣をしたが、釣針を魚に飲み込まれ失くしてしまう。火闌降は怒って許さない。彦火は捜しに出て海神に出会い、釣針を見つけてもらい、海神の娘の豊玉姫を娶り帰国。その際に、海神から潮満玉と潮涸玉を貰い、その力を借りて兄の火闌降を屈服させた。

豊玉姫が妹の玉依《たまより》姫を伴い、出産のため彦火を訪ね出産。彦火は「見てはならない」と言われていたが出産を覗き見、豊玉が竜《わにさめ》の体と知る。産後、豊玉は恥じて去る。生まれた子が鸕鷀草葺不合尊《うがやふきあえずのみこと》。彦火は日向の高屋山上陵に葬られた。

古事記では、彦火は高千穂宮で５８０年過ごしたとされる。

iii　鸕鷀草葺不合尊は玉依姫（叔母）を妃とし、その第４男が神日本磐余彦《かむやまといわれびこ》天皇、実名は彦火火出見《ひこほほでみ》。鸕鷀草葺不合尊は日向の吾平山上陵に葬られた。

天孫降臨以降、天孫の末裔には必ず死が訪れることとなる。

書紀では神武まで約１８０万年経過したとする。古事記には記述はない。

4　神武東征

i　彦火火出見は15歳で皇太子、成長して日向国吾田邑《ひむかのくにあたのむら》の吾平津媛《あひらつひめ》を娶って手研耳命《たぎしみみのみこと》が生まれた（吾田は隼人の姓となる）。

ii　45歳の時、兄弟や子供たちに「瓊瓊杵尊は…この西のほとりを治められた。…天孫降臨から１７９万２４７０余年経つ。しかし、遠いところの国では、まだ、王の恵みが及ばず相争っている。…塩土の翁に聞くと、東の方に良い土地（六合《くに》の中心《もなか》にある）があり、…その中へ天の磐船に乗って降ってきた者がある…饒速日《にぎはやひ》であろう…そこに行って都をつくるにかぎる」と言われた。諸皇子達も賛成。その年の10月5日、天皇は自ら諸皇子を率いて東征に向かった。

iii　筑紫国の宇佐、岡水門、安芸国の埃宮《にのみや》を経て、吉備国で行宮（高島宮）を設け、3年間、東征の準備。
東に向かい難波に到着、難波碕の速い潮流にのり、さらに、川を遡って河内国草香村（日下村）に着いた。日下から生駒山を越えて内国に入ろうとしたが、長髄彦《ながすねひこ》に敗れ、神武の兄の五瀬命《いつせのみこと》が傷つき撤退、五瀬は熊野の向かう途中で没。（大阪湾を含め瀬戸内海は2万年前の寒冷期には陸地であった。その後の温暖期に海面上昇、縄文海進で水没、河内湾が形成される。湾は次第に陸地化、3～2千年前には河内潟となった（上町台地が張り出して防波堤のようになっていた）。神武東征はこの時代であり、上げ潮にのり潟内に入り、川を遡上、日下に着いたことになる。5世紀には河内湖となり仁徳時代に堀江が掘削された）。
iv　熊野に上陸、八咫烏《やたのからす》の案内で宇陀に到着。奈良盆地で饒速日・長髄彦（妹が饒速日の妻）と戦う。饒速日は彦火火出見の威にうたれ長髄彦を殺害、その部下達を率いて帰順（饒速日は物部氏の祖とされる）。彦火火出見は反抗する者を誅して大和を征服。三輪山の事代主神の長女蹈鞴五十鈴姫《たたらいすずひめ》を正妃とした（三輪山から砂鉄が採れたため蹈鞴の名があるとされる）。大伴氏は当初から神武東征に従っていたとされる。東征と言っても、日下村までは戦はなく、戦は奈良のみとなっている。

v　辛酉年（十干十二支の組合せで60年周期の年号）1月1日　橿原宮で即位。始《はつ》御天下之天皇《くにしらすすめらみこと》と称された。在位76年、１２７歳で没。畝傍山の東北の陵（橿原市大字洞字）に葬られた。諡号は神武天皇。

第3節　欠史8代の天皇

初代神武と10代崇神の間の８代の天皇についての記述は極めて簡潔で、欠史８代の天皇とも言われ、その実在を疑われている。

イ　綏靖《すいぜい》天皇（神《かむ》淳《ぬ》名《な》川《かわ》耳《みみ》天皇《すめらみこと》）

神武の第3子、母は五十鈴姫。腹違いの兄　手研耳命を倒して即位した。葛城に都を造り高岡宮という。事代主の二女の五十鈴依姫を后とする。在位33年、84歳で没。

ロ　安寧《あんねい》天皇（磯《し》城《き》津《つ》彦《ひこ》玉手《たまて》看《み》天皇《すめらみこと》）

綏靖の嫡子、母は五十鈴依姫。后は淳《ぬ》名《な》底《そこ》仲《なか》媛《ひめ》命《のみこと》（事代主の孫、鴨王の娘）。都は片塩、浮孔宮《うきあな》という。在位38年、57歳で没。

ハ　懿徳《いとく》天皇（大日本彦耕友天皇《おおやまとひこすきともすめらみこと》）

安寧の第２子。都は軽の地、曲峡宮《まがりおのみや》という。后は天豊津媛命《あまとよつひめのみこと》（息石耳命《おきそみみのみこと》の娘）。在位34年。

ニ　孝昭天皇（観松彦香殖稲天皇《みまつひこかえしねのすめらみこと》）

懿徳の太子。都は腋上《わきのかみ》、池心《いけごころ》宮という。后は世襲足媛《よそたらしひめ》（尾張連の先祖瀛津世襲《おきつよそ》の妹）。在位83年。

ホ　孝安天皇（日本足彦国押人天皇《やまとたらしひこくにおしひとすめらみこと》）

孝昭の第２子。都は室《むろ》の地、秋津嶋宮という。后は姪押媛《めいのおしひめ》（天足彦国押人命《あめのたらしひこくにおしひとのみこと》の娘）。在位１０２年。

ヘ　孝霊天皇（大日本根子彦太瓊天皇《おおやまとねこひこふとにのすめらみこと》）

孝安天皇の太子。都は黒田、廬戸《いおと》宮という。后は細媛命《ほそひめのみこと》（磯城県主大目《しきのあがたぬしおおめ》の娘、孝元天皇の母）、妃の倭国香媛《やまとのくにかひめ》は、倭迹迹日百襲姫命《やまとととひももそひめのみこと》（崇神時代の巫女。箸墓古墳に葬られたとされる「ととひ」とは霊魂が鳥のように飛んでいく巫女の意）、彦五十狭芹彦命《ひこいさせりひこのみこと》などを生んだ。妃の絙某弟《はえいろど》は稚武彦命《わかたけひこのみこと》（吉備氏の祖）を生んだ。在位76年。

ト　孝元天皇（大日本根子彦国牽尊《おおやまとねこひこくにくるのすめらみこと》）

孝霊の太子。都は軽の地、境原《さかいのはら》宮という。后は欝色謎命《うつしこめのみこと》（穂積臣の先祖の欝色雄命《うつしこおのみこと》の妹）。第1子が大彦命（阿部臣、膳臣《かしわでおみ》、阿閉臣《あへおみ》、狭狭城山君《ささきのやまきみ》、筑紫国造、越国造、伊賀臣の先祖　崇神の4道将軍の1人）、第2子が開化天皇、第3子　倭迹迹姫命《やまとととひめのみこと》。妃の伊香色《いかがし》謎命《こめのみこと》は彦太忍信命《ひこふつましのみこと》（武内宿祢の祖父）、妃の埴安姫《はにやすひめ》は武埴安彦命《たけしはにやすひこのみこと》を生んだ。在位57年。

チ　開化天皇（稚日本根子彦大日日天皇《わかやまとねこひこおおひひのすめらみこと》）

孝元の第2子。都は春日の地、率川《いざかわ》宮という。伊香色謎命《いかがしこめのみこと》（崇神天皇の母）を后とする。妃の姥津媛《ははつひめ》（和珥臣の先祖）は彦坐王《ひこいますおう》を生んだ。在位60年。

第4節　崇神から仲哀まで

1　崇神天皇（御間城《みまき》入彦《いりびこ》五十瓊殖《いにえの》天皇《すめらみこと》）

イ　崇神天皇

開化の第2子。書紀は「御肇国《はつくにしらす》天皇」、古事記は「初国知らし御真木《みまき》天皇」と記す。記紀は崇神を統治初代王と考えたと思われる。都は磯城瑞牆宮《しきのみずがきみや》（纏向）。（藤原京までは歴代遷宮が続く）。

ロ　治世下の主な出来事

・崇神5～6年　国内に疫病流行、民の死するもの半ば以上ほどであった。

・これより先、天照大神、大国魂の2神は天皇の御殿の内に祀られていたが、共に住むことには不安があったので天照大神を豊鍬入姫命《とよすきいりびめのみこと》に託し、大和笠縫《かさぬい》宮に祀った（大国主を王権の中枢神としたとも解釈される）。

・7年　疫病流行は倭迹迹日百襲姫命（崇神の大叔母、8代孝元の異母妹）の祈祷では収まらず、三輪山の大物主の崇神への神託により、太田田根子（大物主の子ないし事代主（大国主の子）の子とされる）に三輪山の神を祭らせ、収まった。

・10年　武埴安彦（8代孝元の皇子　南山背勢力）謀反。妻の吾田媛《あたひめ》と2手に分かれて奈良へ侵攻。崇神の命で、彦五十狭芹彦命（吉備津彦　孝霊の皇子）が吾田媛攻略、大彦（孝元の長子　崇神の叔父）が安彦と対峙、木津川で弓で安彦射殺。謀反平定。

・10〜11年　4道将軍派遣。越（福井、富山）に大彦命、丹波に丹波道主命《たにわのみちぬしのみこと》（開化の皇子彦《ひこ》（日子）坐王《います》の子）、東海（伊勢、尾張）に武渟川別《たけぬなかわわけ》（大彦の子とされる）、西海（山陽）に吉備津彦。古事記では孝霊天皇の時代に大吉備津日子の吉備派遣が記され、崇神紀には西海がなく3道将軍派遣となっている。

・10年　倭迹迹日百襲姫命が大物主の妻となる。百襲姫は「見てはならぬ」と言われていたが、大物主が蛇の化身であることを見て驚く。見たことを悔いて座り込み、箸で陰部を突いて死去。箸墓古墳に葬られた。

・12年　戸口調査、男女の課役（貢物）を定める。天下は平穏となり天皇を誉めたたえ御肇国天皇《はつくにしらすめらみこと》という。

・60年　出雲に神宝献上を要請。出雲首長振根《ふるね》は筑紫に出かけ不在であったが、弟の飯入根《いいりね》が皇命に応じ神宝献上。帰国した振根が怒り弟を殺害。崇神は武渟川別と吉備津彦を派遣、振根を殺害。出雲は倭朝廷に服属した。

・65年　任那朝貢。

（出雲神宝献上、任那朝貢は古事記には記述がない）
・治世68年、１２０歳で没。

2　垂仁天皇（活目入彦《いくめいりびこ》五十《い》狭《さ》茅天皇《ちのすめらみこと》）

崇神の第3子。母は大彦の娘の御間城媛《みまきひめ》。宮は纏向の珠城宮。
・垂仁3年　新羅の王子、天日槍《あめのひほこ》が神宝を持って来日、但馬の神宝とした。出石に住む。
金属精錬技術を持つ集団が新羅から渡来したことを示すと解されている。
・4、5年　后狭穂媛の兄　狭穂彦《さほひこ》王（日子座王の子　開化の孫　山背・丹波勢力）謀反、
后は兄側につき、兄とともに滅ぶ。
・7年　出雲（出雲か、奈良盆地東部の出雲荘か不明）の野見宿祢《のみのすくね》と葛城の当麻蹴速《たぎまのけはや》が相
撲、野見勝利。
・25年　倭姫命に天照大神の鎮座する場所を探させ、磯城から伊勢の五十鈴川辺に移す。
・26年　物部十千大連《もののべとちねおおむらじ》を神宝検めのため出雲に派遣。
・32年　野見宿祢が埴輪を考案、御陵の生埋め廃止。
・治世99年、１４０歳で没。

3　景行天皇（大足彦忍代別天皇《おおたらしひこおしろわけのすめらみこと》）

垂仁の第3子。宮は纏向日代宮《まきむくのひしろみや》。
・九州遠征、熊襲の八十梟帥《やそたける》を倒し、襲の国、火の国制圧（古事記には記述はない）。
・熊襲再度反乱、小碓《こうす》皇子を派遣。小碓は女装して酒宴の取石鹿文《とろしかや》（川上梟帥《かわかみたける》）を刺殺、取石鹿文は没する際に小碓に「タケル」の称号を贈り、小碓は日本武尊《やまとたけるのみこと》（古事記では倭建命）と呼ばれることとなった（古事記には、大和への帰途に出雲の出雲建《いずもたける》を誅するとある）。
東国蝦夷反乱、景行は日本武尊に討伐を命じる。出発に際して叔母の倭姫（景行の妹）から草薙剣を貰う。吉備武彦、大伴武日連《おおともたけひのむらじ》が従う。書紀では喜び勇んで出発とするが、古事記では「自分は、また、東国制覇に派遣され、天皇に疎まれている」と嘆く。蝦夷征圧。

伊吹山の荒ぶる神退治に行くが体を壊し、伊勢で死去。

日本武尊は架空の人物で、多くの熊襲、蝦夷征討の話を日本武尊の活躍にまとめたものと解されている。
・景行は治世60年、１０６歳で没。
・崇神から景行までの宮は磯城纏向にあり、王の直接統治する範囲はそれ程広範囲ではなかったことを示唆するとされる。

4　成務天皇（稚足彦天皇《わかたらしひこのすめらみこと》）

・景行の第４子。
・国郡《くにこうり》に造長《みやつこおさ》、県邑《あがたむら》に稲置《いなぎ》設置。山河を境として国県を分け、縦横の道に従って邑里を定め、統治制度整備。
こうしたことはこの時期のことと認めがたく、成務の実在を疑う因となっている。
・治世60年、１０７歳で没。
・欠史8代を含め、ここまでは父子皇位継承。応神以降は兄弟承継が多い。

5　仲哀天皇、神功皇后（足仲彦天皇《たらしなかつひこのすめらみこと》、気長足姫尊《おきながたらしひめのみこと》）

・仲哀は日本武尊の第2子。
・熊襲反乱で鎮圧に向かう。仲哀は和歌山から、后の神功（母系は天槍日の7代とされる）は越の行宮から西へ向かい合流、北九州の橿日宮《かしいのみや》（福岡市香椎）を拠点とした。
　神功は巫女の力があり、「海の向こうを攻めるべき」の神託が神功に降りた。仲哀は従わず、このため仲哀急死。治世9年、５２歳で没。

・后の神功は南進、山門県の土蜘蛛の田油津媛《たぶらつひめ》を誅して熊襲征圧（山門は邪馬台国、田油津媛は卑弥呼、神功は台与とする見解もある（後述））。

6　崇神から仲哀までの5代の治世

崇神は実在の王、初代の天皇とみられている。

書紀では、王朝の諸制度創設、九州熊襲・東国夷の征圧、支配の確立など王権確立が、5代の治世の事績として記される。

学説は、これらは事実とは認めがたい、記紀編纂者の創作が多いとされ、王権強化、制度が整えられるのは5世紀の雄略の時代頃と考えられている。

九州南部、東北は、奈良時代においても隼人、蝦夷は朝廷に反乱を起こしており、古代の巨大なフロンティアであった。

第5節　神功・応神から武烈まで

1　神功皇后

イ　三韓征伐と神功の倭王権

・神功は、熊襲征圧後、神託に従い朝鮮半島へ遠征、新羅征圧。新羅王波沙寝錦《ハサムキン》は財宝と微叱己知波干岐《ミシコチハトリカンキ》を人質として日本に送った。百済、高句麗も朝貢を約す。北九州に帰還後、応神出産。

・神功は武内宿祢、武振熊《たけふるくま》（和珥臣の祖）などを率い、応神を伴い大和に向かい、応神の異母兄（仲哀と妃大中姫との皇子）の香坂《かごさか》王（祈狩《うけひかり》で没）・忍熊《おしくま》王（宇治川で敗死）兄弟を倒し大和へ、神功摂政1年となる。

・神功東征は筑紫勢力による大和勢力征圧とする倭王朝交代、神功東征は創作で大阪の応神勢力による倭王権簒奪ないし継承、神武東征は創話で神功東征を模したものとする見解などがある（後述）。

ロ　神功の治世

・神功47年　百済の朝廷への貢物を新羅が奪ったとする事件が起こる。新羅懲罰のため、神功は49年　荒田別《あらたわけ》と鹿我別《かがわけ》（２人は上毛野氏（東国の中心の上毛野（群馬県）の大豪族の祖）を半島に派遣、百済の肖古王、貴須王子とともに新羅を破る。50年　荒田別帰還。52年　肖古王は軍事支援の礼に七枝刀（全長74・８㎝、刀身の左右に３つずつの枝が互い違いにある。刀身に東晋泰和４年（369年）の年号が刻まれている）などを神功に贈る（55年　肖古王没、56年　貴須が百済王即位）。

62年　新羅朝貢せず。神功は葛城襲津彦《そつひこ》を派遣、新羅を討たせた。百済記では、襲津彦は新羅の送った美女２人に溺れ、加羅国を討ち、それを聞いた神功が加羅国を救済、襲津彦は帰国できずに死去とする。

・魏志倭人伝によるとして、卑弥呼、台与の魏、晋との使節往来が神功39年（乙未年、魏の景初３年（239年）も乙未年）から66年のこととして記される（狗奴国との戦、卑弥呼の死の記述はない。肖古王の七支刀の年号の130年程前のことである）。

・治世69年、100歳で没。

・古事記では神功は仲哀天皇記のなかに書き込まれており、書紀のように独立の項目とはなっていない。また、忍熊王との戦いまで記述するが、それ以降の長い治世の記述はない。

２　応神、仁徳天皇

イ　応神天皇（誉田天皇《ほむたのすめらみこと》）

・仲哀の第４子。
・新羅、高句麗との抗争、百済との往来。
・論語を伝えたとされる百済の王仁《わに》来日。
・弓月君《ゆづきのきみ》が多くの民を率いて来日（百済からとも、新羅、金海加羅からともされる）、養蚕、機織りの技術を伝えた。秦氏の祖とされる。
・治世41年、１１０歳で没。御陵は大阪平野南部の譽田御廟山古墳。

ロ　仁徳天皇（大鷦鷯天皇《おおさざきのすめらみこと》）

・応神の第４子。異母兄弟との争を経て即位。
・人家に炊煙が見られぬことから百姓の窮乏を知り3年間課税をやめたこと、難波の堀江掘削、淀川の洪水を防ぐため堤築造の公共工事実施など仁滋の天皇とされる。
・新羅に派兵。
・日向の髪長媛を妃とする（応神が見初め、仁徳に譲ったとされる。子は大草香皇子など）。天孫降臨、神武東征の舞台が日向となったのは応神、仁徳の日向との交流によるとの見解もある（後述）。
・治世87年。御陵は大阪府和泉南部の大山陵古墳（５００ｍ）。

3　履中、反正、允恭、安康天皇

・履中（仁徳の第1子。在位6年、70歳で没）、反正（仁徳の第2子、在位5年）、允恭（履中、反正の同母弟、在位42年、78歳で没）。仁徳の皇子が兄弟で承継。
・安康　允恭の第2子。在位3年で眉輪王《まゆわのおおきみ》（大草香の子）に殺される（安康が大草香を殺害、その妻を妃としたためと記述される）。

4　雄略天皇（大泊瀬幼武天皇《おおはつせのわかたけのすめらみこと》）

イ　雄略天皇

・允恭の第5子。カリスマ性を持つ、武の大王とされる。
・兄弟の八釣白彦《やつりしろひこ》、市辺押磐《いちべのおしわ》、御馬《みま》皇子殺害。安康を殺した眉輪王と雄略の同母兄坂合黒彦《さかいのくろひこ》皇子を匿った葛城円大臣《つぶらのおおおみ》を2人とともに討滅（円の娘の韓媛《からひめ》は雄略妃）。
（葛城氏は奈良盆地西南部（大阪府と奈良県の堺）を本拠とする。氏神は一言主《ひとことぬし》神。葛城襲津彦の娘は仁徳の后、履中、反正、允恭の母。葛城氏は大王の外戚となっているが、外戚として権勢を振るった記述はない。葛城氏は6世紀初まで勢力を維持したとみられている）。

・雄略7年　吉備氏制圧。

吉備氏は吉備（岡山県と広島県東部）を勢力下に置く大豪族。吉備下道《しもつみち》氏（本拠は岡山県南西部）、吉備上道《かみつみち》氏（本拠は岡山市付近）の2氏が力を持っていた。

雄略は、上道田狭《ださ》を任那国司に任じて田狭の妻（稚媛《わかひめ》）を奪う（雄略との間に星川皇子誕生）。田狭は新羅に助けを求めたが成功しなかった。下道前津屋《さきつや》が雄略を呪詛したとして派兵、一族70人誅殺。

雄略没直後、稚媛・星川皇子反乱、敗れ焼殺される。上道氏は軍船40艘で救援に向かうが間に合わなかった。吉備氏は処罰され、力を失う（奈良時代の吉備真備は下道氏の子孫）。

・新羅討伐、百済支援。宋に遣使。

・治世23年。国内外に倭王権を伸長した大王であった。

ロ　雄略の治世の遺物

i　稲荷山古墳（埼玉県行田市）出土の鉄剣（金錯銘鉄剣）には、辛亥年（471年）記すとして「乎獲居臣《おわけのおみ》が代々杖刀人（武官）の首として斯鬼宮《しきのみや》で獲加多支鹵《わかたける》大王（雄略）に仕えた。乎獲居の上祖は意富比垝《おおひこ》（大彦）」と刻まれている。

ii　江田舟山古墳（熊本県和水《なごみ》町）出土の銀錯銘太刀には辛亥年に「无利弖《むりて》が獲加多支鹵大王の典曹人（文官）として仕えた」と刻まれている。

iii　これら遺物は、雄略時代に職名のある分業システムが存在したこと、大彦伝承が当時存在したことを示す（帝紀の元史料の存在を示す）と考えられている。

5　清寧、顕宗、仁賢、武烈天皇

・清寧は雄略と葛城円の娘の韓媛の皇子。生まれながらの白髪、在位5年で没、皇子なし。
・履中の皇子の市辺押磐皇子の子息の顕宗（在位3年）、仁賢（在位11年）兄弟が継承。
・仁賢の皇子の武烈即位。中国史書に登場する王朝滅亡時の暴虐の王として記述される（在位8年、18歳で没）。

6　応神王朝

・応神から武烈までの歴代大王は、応神・仁徳は有徳の大王、雄略は強力な大王、武烈は悪逆の大王として記述される。中国の王朝盛衰の史書に倣った書き方とも推測される。

・清寧の後に履中の皇子市辺押磐の娘の飯豊《いいとよ》王（忍海郎女《おしぬみのいらつめ》、葛城氏族の血脈の女性）が大王に即位したとの見解もある。

第６節　継体から欽明まで

1　継体天皇（男大迹天皇《をほどのすめらみこと》）

・武烈には皇子がなく応神の直系皇統が絶えた。重臣大伴金村が越前国三国に居た応神５世の孫の彦主人《ひこうし》王の子の「男大迹王《をほどのおおきみ》」を大王に迎えた（古事記では継体を応神の５世の孫と記述）。

継体の父の彦主人王は琵琶湖西岸の近江国高島（滋賀県高島市）に住み、琵琶湖水運に力を持ち、母は越前国三国の出で一族は日本海海運に力を持っていた。彦主人王没後、継体は母の里の三国で育った。継体は父母の関係で日本海、琵琶湖水運に力を持ち、朝鮮半島、九州にも通じ、また、多くの妃を持ち、尾張にも妃の関係で力を持つ実力者であったとみられている。

・継体は樟葉宮《くすは》（大阪市枚方市、淀川水系の地）で即位。仁賢の3女の手白香皇女《てしらか》を后とした（王朝は仁賢の娘の婿に継体を迎えることで皇統の維持を図ったともみられる）。即位してもすぐに大和に入らず、山城国綴喜《つづき》（木津川水系の地）、乙訓《おとくに》（桂川流域、長岡京市周辺）と宮を移し、即位20年目に大和国磐余の玉穂（桜井市）に宮を構えた。

継体が大和に宮を構えるまで時間を要したのは、大和の一部豪族に継体即位反対があったためとみられている。

継体は皇統から縁が遠いだけに、即位後は、まず、自分の勢力圏内に身を置き、大和入りを焦らなかった。大和入りは、大和で蘇我氏が葛城氏を追い落としたタイミングであったとする見解もある（蘇我氏勃興の端緒となった）。

・継体6年　百済の要請に応じて任那国の4県を百済に割譲。

・7年　百済から五経博士来日。儒教の経典（易経、書経、詩経、春秋、礼記）伝来。

・21年　九州で磐井《いわい》の乱（磐井は筑紫の大豪族）が起こる。

反乱の因は朝廷軍の度重なる朝鮮半島派兵の負担で北九州豪族が疲弊、限界を超えたためとされる。

磐井氏は筑紫君とも呼ばれており、実質的には筑紫、北九州の王であった。朝廷としてはそうした存在を許しておくわけにはいかなかったとする見解もある。

大連物部麁鹿火《おおむらじもののべのあらかひ》などが鎮圧。（物部氏は雄略の頃から重用されており、大連として大臣《おおおみ》と並んで政権の中枢にあった。軍事、警察、刑罰を所掌。麁鹿火は武烈から宣化まで大連（6世紀前半）、尾輿《おこし》は宣化・欽明の大連（6世紀半ば）守屋《もりや》は敏達・用明の大連と繁栄したが、蘇我氏に滅ぼされた。）
・在位25年、82歳で没。

2　安閑、宣化、欽明天皇

安閑（在位2年）・宣化（在位4年）は、継体の先妻の尾張連草香の娘の目子媛《めのこひめ》の皇子。欽明は后手白香の皇子。

書紀は順に即位と記述するが、安閑・宣化勢と欽明勢の２朝が並立、争い、欽明勝利で決着したともされている（後述）。

第7節　5世紀の日本

5世紀は、広開土王碑や書紀に示されるように倭国勢力が朝鮮半島に進出、渡来人の増加、半島との交流により大陸の文化・文明が一挙に列島に流入した。

半島から多数の工人が列島に移住、手工業技術（陶邑での須恵器の大規模生産など）、土地開発（河内湖周辺開発など）に大きな役割を果たした。乗馬、馬文化の風習が育つのも4世紀末から5世紀である。装身具も発達、カラフルで華やかなものになる。

漢字の音を借りた日本語の表記法が定着する時代であった。朝鮮半島との交流を通じた国際化、文明開化の時代と言えよう。

第５章　記紀の記述と史実―史実を求めて

卑弥呼の没した狗奴国との戦争後の3世紀後半に倭王朝成立、前方後円墳（古墳）の築造、古墳時代が始まる。応神、継体王朝を経て、推古の頃に古墳時代が終了する（通説）。日本書紀は、天皇家は天孫降臨により誕生した王統、神武が東征して倭の初代大王となり、10代崇神から数代の間に王朝の基礎確立、神功三韓征伐で朝鮮半島進出と記述するが、記述そのままが史実とは考え難い。

天孫降臨、出雲神話は何を語ろうとしているのか、神武東征はあったのか、数多の古代天皇の長寿は本当か、記紀記述の古代天皇は実在したのか、神功三韓征伐や応神即位が語ろうとするもの、王朝交代はあったのかなど、史実はどうであったのかを知りたいと思うことは数多ある。

１～４章まで考古学、中国の文献、記紀の記述などを紹介してきた。これらを総合勘案し、真偽を問われる幾つかについて史実追求を試みたい。

なお、今日、天皇名は漢字２字の中国風のもの（漢風諡号）となっているが、これは奈良時代後期に淡海三船などにより選定されたもので、日本名（和風諡号）が古代天皇の在世当時、使われた名とされる。

第１節　高天原・天照大神、天孫降臨神話

イ　諸説

高天原・天照大神、天孫降臨神話については様々な見解がある。

ｉ　高天原の場所、天孫降臨の動機についての見解

・人は自分の故地を美化する習性があり、高天原とは、渡来人の故郷の朝鮮南部、ないし、半島から上陸した筑前ではないかとする見解。

・天孫降臨は瓊瓊杵尊が日向《ひむか》の襲の高千穂峰に天降ったと紀には記される（古事記では筑紫の日向の高千穂の「くじふるたけ」）。天孫降臨の動機は高天原（実在するいずれかの地域）が危急存亡の危機に見舞われ、そこから脱出したことを示すのでないかとする見解。
・豊前中津（行橋市草場）が高天原、天孫降臨の地は九重・久住連山と麓の玖珠《くす》ではないかとする見解もある。

ⅱ　初期倭王朝の神は三輪山大物主とみる見解
過っての大和の神は三輪山の大物主であった。天照大神は崇神の宮に大物主と一緒に祭られ、やがて、伊勢に移されたと書紀は記述する。天照大神を最初から皇室の最高神として尊重していたようにはみえないとする。

ⅲ　天照大神と伊勢神宮についての直木孝次郎氏の見解
天皇家の氏神天照大神を祭る伊勢神宮の成立は5世紀後半ないし6世紀前半、雄略朝、継体から欽明朝が重要な時期と思われる。天皇家が東方進出に熱心になった時期に伊勢の東国経営の基地としての重要性が高まった。継体以降に斎王（未婚の皇女）の記事が多く現れる。崇神～景行時代の伊勢遷宮の記述は信用できない。伊勢地方は古くから太陽信仰が盛んで伊勢神宮の元の祭神は太陽神（ヒルメ（日女）ないしオオヒルメと呼ばれた）であった（地元神を外宮とし内宮に天照大神を祭った）。

天武、持統が壬申の乱に際し天照大神を遥拝（672年6月26日　伊勢北部の朝明郡）、乱に勝利したことから天武、持統が天照大神を尊崇、伊勢神宮に大来《おおく》皇女を斎王に派遣、以降、斎王派遣が恒例化（それ以前にもあったが恒例化してはいなかった）、伊勢神宮は天皇家の氏神、天皇家の最高の神社となった。奈良中期以降、皇祖神から国家神へ推転した。

ⅳ　記紀神話についての北條芳隆氏の見解

・記紀神話の原型は列島内部で自生、歴史の中で蓄積したもの。縄文文化が北方系と南方系を同期、同調させ、そこに弥生時代初頭に朝鮮半島からの移住者集団が持ち込んだ王権生成譚が加わり、古代中国の思想の刺激も受け、古墳文化に引き継がれたもの。北方系の火山神、南方系の海洋神は、火山列島、黒潮文化圏に住んだ縄文人によって構想された可能性が高い。双方の上位に天体神を据え、下位に地上神を配した。

・記紀神話は、①出雲神話（大国主伝承、地下他界と海上他界登場）、②日向神話（海幸彦・山幸彦伝承、海上、海中他界登場）、③神武東征、④天孫降臨からなる。

①と②は主宰神から支配の正統性を保証される。朝鮮半島からの移住者が持ち込んだ思想。

③は、王朝の祖が九州、瀬戸内海から奈良盆地に進出、初期倭王権が奈良盆地に本拠を

据えたこと、唐古・鍵遺跡ないし纏向遺跡誕生を背景とするもので、奈良盆地に展開した歴史的事実の説話化とみる。①と②が一連の物語として③につながる。

④は、古墳の祭祀の原型は吉備の楯築墳丘墓造営時に構想された昇竜儀礼に端を発する。墳墓は火山の火口、立ち上る噴煙を竜（火口に住む仮想の仙獣、竜は後漢から列島に伝わった）とする（昇竜は被葬者の転生を意味する）。その後３００年に及ぶ昇竜儀礼の累積を背景に生み出された多くの竜の相応の着陸点の設定が、皇祖の降臨地（高千穂峰）となった。天孫降臨譚は古墳祭祀を起源とする説話であり、上空へ開かれた回路を逆にたどるもので、列島内で生成された可能性が高い。前3世紀の一時期、吉備の人々が琉球と交易関係があり、瀬戸内海航路で豊後から薩摩にかけて航行中に九州の火山噴火を遠望したことに天孫降臨の舞台として高千穂峰が選ばれる歴史的背景があった。

・神話群の統一化は天武の発意による。随所にみられる兄は悪・失敗、弟は善・成功は天武自身の過去を正当化するもの。

ｖ　皇祖神は高皇産から天照大神へ移ったとみる見解

天照大神は伊邪那岐の左眼から生まれた神であるのに対し、高皇産霊尊は国常立尊、国狭槌尊、天立御中主尊の次に生じた神ともされ、神格は極めて高い。高皇産の娘が天照の子の天忍穂耳の妻となり瓊瓊杵尊が生まれる。高皇産の命で出雲の国譲りが行われ、瓊瓊杵尊は天孫降臨する。このような事績からみて、そもそもは高皇産が皇祖神であったが、書紀編纂の時代（天武、持統の時代）に皇祖神は天照となったとする。

vi　天照大神は持統・元明を模したものとみる見解

天照大神は持統と元明を模した存在。天孫降臨を天照の子ではなく孫の降臨としたのは持統・元明の皇子草壁・文武の早逝、孫の文武・聖武の皇位継承を反映している。書紀編纂に大きな影響力を持った藤原不比等朝廷官僚による創作とみる。

ロ　考察

天照大神を皇室の祖として本格的に尊崇、伊勢神宮が他の神社とは別格とされるのは天武・持統以降、奈良時代からである。文字による歴史の時代を迎え、天武、持統の要請に応え、国史である記紀編纂時に、天照大神・天孫降臨神話が構築された。古来の伝承も踏まえつつ、天皇支配の歴史的正統性が説明できるようなものにしたと思料する。

第2節　出雲神話

イ　出雲の繁栄

出雲は、大量の銅剣、銅矛の出土から青銅器文明の、ないし朝鮮半島などからの鉄器入手の一つの拠点であったことが明らかになっている。倭王朝による前方後円の大古墳築造が始まる前に出雲に四隅突出型の大古墳が幾つも築造されており、築造を可能にした大豪族が出雲に存在したことも明らかである。四隅突出型古墳の要素が前方後円墳に引き継がれていること、三輪山の神の大物主と大国主が同一神とされることは大和と出雲の関係が深いことを物語るといえよう。後年、壮大な出雲大社の神殿が建造されてもいる。

ロ　出雲の帰趨

i　記紀の記述

既述のように、「崇神60年　朝廷が出雲に神宝を奉るよう要請、当主出雲振根は筑紫に出掛けて不在で弟の飯入根が要請に応じて神宝を奉った。帰国した振根は怒り、飯入根を殺す。朝廷は吉備津彦と武淳川別を派遣、振根を殺害、出雲は朝廷に服従。垂仁26年　神宝を検めた。垂仁32年には出雲の野見宿禰が埴輪を考案、御陵の生埋めを廃止した」と記される（書紀）。

景行天皇時代に、倭建《やまとたける》が熊襲征伐の帰途、出雲建を成敗したともされている（古事記）。

記紀の記述によれば、倭王権成立後、間もなくに、出雲の大豪族は倭大王に服属したことになる。

出雲内部での何らかの対立があったこと、吉備の介入も考えられる。

ii　出雲勢力が奈良盆地に古くから進出、倭王権を作ったとする見解もあるが（三輪山の神の大物主と大国主は同一神とされることなどが根拠）、説得力に欠ける。

ハ　考察

出雲は大陸との交易の重要地点であり、出雲勢力の取り込みは倭王権にとって重要課題であったと思われる。弥生後期には出雲の西谷大墳墓の勢力が出雲全体の覇権を握ったが、倭王権、それと親密な関係を持った対立勢力に覇権を奪われたのではないだろうか。出雲の国譲りは、こうした動きを反映したものではなかろうか。

第3節　神武天皇即位年、古代天皇の長寿と実在

記紀は皇室の始祖は神武とする。書紀には、神武は神日本磐余彦と称され名前に神がつくこと、后が三輪山の大物主神の娘とされること、母・祖母は海神《ワニサメ》の娘とされることなど神代に属する人物としても表現されている。

東征（後述）の後、奈良盆地の磐余で即位、初代大王となったとされるが、実在は疑問とみるのが通説である。２代綏靖から９代開化までの８代の天皇も書紀に治世の事績が記されておらず、実在を疑問視されている。また、神武をはじめ16代仁徳にいたるまでに多くみられる１００歳前後の天皇の長寿も疑問視されている。

イ　BC660年神武即位について

神武は辛酉の年の１月１日即位と書紀には記述され、それはBC660年とされる。

ｉ　辛酉革命説

即位年がBC660年とされるのは、辛酉革命（辛酉の年、中でも21度目ごとに「天の命が革まる」大革命が起こる、陰陽五行説）思想に基づき、辛酉年にあたる推古９年（６０１年）から１２６０年前（BC660年）を神武即位年としたとする（那珂通世、１８

97年の「上世年紀考」)。

起年とされる推古9年に大革命は起きていないが古代における天皇支配の繁栄の時代であったことは確かである。

ii　書紀記載の天皇在位年数からの逆算

神武から16代仁徳までの書紀記載の天皇在位年数は以下の如くである。

神武76年、綏靖33年、安寧38年、懿徳34年、孝昭83年、孝安102年、孝霊76年、孝元57年、開化60年、崇神68年、垂仁99年、景行60年、成務60年、仲哀9年、神功69年、応神41年、仁徳87年。累計すると1052年になる。仁徳は5世紀の天皇であるので歴代天皇の在位年数から計算すればBC660年神武即位は成立する。江戸時代の暦学者渋川春海(1677年「日本長暦」)が検証している。

iii　直木孝次郎氏の見解

神武即位を日本国家の起源とする考えは記紀編纂者にはなかった。明治の国家体制を整える過程で生じたものではないか。伊藤博文が明治21年の憲法制定の調査の際に、「ヨーロッパでは憲法のほかに人心を統一するものとしてキリスト教があるが、日本には機軸とするものは独り皇室あるのみ」との趣旨のことを述べていることからそのように考えられるとする。

iv　考察

ＢＣ６６０年は弥生時代前期、水稲耕作が西から東へと普及していた時代、石器時代で、列島各地には国と呼ばれるほどの存在はない時代である。この時代に神武東征、神武即位はあり得ないことは明らかである。

記紀編纂者が天皇の権威を高めるため中国の思想を借用したと推察される。

ロ　古代天皇の長寿

i　長寿の記述とその解釈

記紀には１００歳以上の長寿の天皇の存在が多数記述される。

古事記　神武１３７、考安１２３、考霊１０６、崇神１６８、垂仁１５３、景行１３７、応神１３０、雄略１２４歳。

書紀　神武１２７、考安１３７、孝霊１２８、孝元１１６、開化１１１、崇神１２０、垂仁１４０、景行１０６、成務１０７、応神１１０、仁徳１１０歳（仁徳は記紀以外による）。

・これをどう理解すべきであろうか。年齢につき１年２歳（春秋年）として考えるべきとの見解がある。

孝元は古事記では57歳、書紀では１１６歳とされ、雄略は書紀では62歳、古事記では１２４歳とされ、それぞれの記載年齢の半分程度となっているのは１年２歳の現れとみるともされる。
・神武から15代応神までは春秋年、以降、28代宣化までは実情に応じて春秋年、実年（書紀記載の年令）、29代欽明から33代推古までは実年で計算すると、神武即位のＢＣ６６０年はＢＣ70年となるとする見解もある（長浜浩明氏）。
・魏志倭人伝には「倭人たちの寿は、あるいは百年、あるいは８０~９０年と考えられる」とあることから長寿は真実と解する見解。天皇は通常の人間ではない、天皇の長寿は高天原の天津神として考えられていたからだとする見解もある。

ⅱ　考察

多くの１００歳以上の長寿の天皇の存在は常識的に無理がある。神武即位をＢＣ６６０年とし皇統は古くから続くものとした編纂者の意図から生じたものと思料する。

ハ　実在を疑問視される天皇

歴代天皇は、当時あった様々な伝承を記紀編纂に際して統一、編纂したものであろう。

神武、欠史8代天皇、成務・仲哀・神功、清寧、顕宗・仁賢、武烈など記紀の記述の内容から実在を疑問視される天皇も多い（後述）。一方、記紀編纂当時には、女帝も含めて記載以外の天皇存在伝承もあったとされるが、今となっては資料も存在せず確かめようがない。

天皇を倭国の大王と捉えるか、それに至る前の奈良盆地の大王の先祖まで含めて捉えるかによって幅が生じると思料する（後述）。

第４節　神武東征、即位について

イ　諸説

神武東征、神武の初代倭大王即位は天皇家の出発点であるが、史実かについては様々な見解がある。

ⅰ　日本の神話はつくられたものである。神武から仲哀までは歴史的事実としては信じられない。応神以降は歴史的事実とみる見解（山片蟠桃、津田左右吉など）。

ⅱ　９代開化以前の后妃は、事代主系（三輪山祭神）、饒速日命系（畿内（河内、摂津、和泉、山城）に勢力をもつ、物部氏の祖）が９割、10代崇神以降は天皇系が多い。こうしたことから、崇神より前の天皇家は大和地方政権であったとする見解。

神武、欠史8代の天皇は大和盆地西部に位置した葛城氏王朝であるとする見解（鳥越憲三郎氏）。

iii　記紀には、高天原の神に対する出雲の国譲り、天孫降臨（日向高千穂峰）、饒速日の天磐船《あまのいわふね》での畿内への天下り、神武東征が順に記述されるが、それは何らかの歴史的事実を反映しているとみる見解。

饒速日が北九州から東遷し大和に王朝を開いた（神武東征は饒速日の東遷のこと）とする見解。

神武から欠史8代天皇は饒速日王朝で、神武とは饒速日、この王朝は崇神により併合された。過っては、瓊瓊杵尊は南九州、饒速日は大和を統治していたとする見解（田中英道、森浩一氏）。

iv　神武東征は九州勢力の東遷を示すとする見解（既述）。

v　崇神は疫病対策に大物主（大国主）を頼ったとされ、大物主（大国主）は三輪神社に祭られることから、古代の早くから出雲勢力が大和に進出、倭王権をつくったとする見解。

vi　宋書の倭王武の上奏文（478年）の東征、西征、朝鮮半島南部平定の記述は、書紀に記される神武東征、崇神の四道将軍派遣、日本武尊による東征・西征、神功の新羅征伐を踏まえており、5世紀には倭王権にはそうした伝承があったことを示しているとする見解。

vii　新羅征伐で勝利、帰国した神功は九州から大和に攻め上り、崇神王朝の忍熊王と戦い、これを倒して磐余に宮を築いたと書紀に記される。神武東征と神功東征は構造的に一致する。神武東征は神功東征をもとに作られたものであり、神功の子の応神王権の正統性を示すためのものであったとする見解。

viii　応神は山城南部喜《つづき》（京都市田辺町付近）を本拠とする政治集団の出身。一方、4世紀後半から5世紀に日向を本貫地（西都原《さいとばる》古墳の地）とする日向系一族が台頭、日下宮（東大阪市日下町）に住んだ（大阪の大豪族となった）。応神は日向一族の娘の日向之《ひむかの》泉長比売《いずみのながひめ》を娶る（応神の子の仁徳も日向の娘を妃としている）。応神は大和の崇神系王朝に代わり倭大王となったが、その際に日向一族の支援を受けており、東征の出発地を日向とするのは日向一族が関与しているとする見解。

応神即位は、王朝内での王権移動とする見解。

ix　神武東征は、神功東征、継体の王位継承に際しての大和に入るまでの経緯、壬申の乱で天武が吉野から兵を起こし勝利した大友との戦をモデルとして創られたとする見解。

x　記紀には、神武が東征、初代天皇となる経緯については詳しく記されるが、統治者としての事績の記述はほとんどみられない。崇神には初代統治者としての事績が述べられている。神武、崇神合わせるとパーフェクトな大王となる。元は一人の大王の記述であったものを二つに分けたのではないかとする見解（瀧音能之氏）。

□ 考察

・書紀では神武は始馭天下之天皇《はつくにしらすすめらみこと》、崇神は御肇国天皇《はつくにしらすすめらみこと》と称され、古事記では崇神を知初国之《はつくにしらし》御真木《みまき》天皇《のすめらみこと》とする。神武と崇神の名前は初代王を意味する同じ名前で、ＢＣ６６０年の神武即位はあり得ないことから、初代倭大王は崇神と考えるべきであろう。記紀には政治、社会の基礎造りは崇神の事績として記述される。それが全て史実とは言えないと思料されるが、崇神の初代大王の証左と考える。

・崇神時代の倭大王は大豪族の中での最有力の者で、それ故に倭王朝の長になったが、その直轄勢力地は奈良、大阪周辺にとどまり、王権は各地の大豪族に支えられたものであったとする通説は首肯する。一方、纏向の勃興以降、２世紀末から３世紀前半にやがて倭大王となる勢力が奈良盆地に生まれていたことは想像に難くない。崇神より前の天皇はそうした纏向支配者の存在を反映しているのではなかろうか。具体名は記紀編纂時の伝承によるか、創作によるものと思料する。

・神武東征、神武即位は、記紀編纂時の様々な事情、伝承を踏まえた創話と捉えるべきではなかろうか。弥生時代以降の文化の流れ（稲作、鉄器など）は西からであったことも反映しているのかもしれない。

第5節　卑弥呼、台与、崇神の関係

・卑弥呼は2世紀末（3世紀初）に邪馬台国連合の女王に共立され、晩年、狗奴国との戦が起こり、２４７年（正始8年）に魏の張政が帯方郡から倭国支援のため来日後、２４８ないし２４９年頃没したとされる。

その後、男王で国内は収まらず、卑弥呼の宗女台与が女王となり２６６年（泰初2年）に晋の武帝に遣使、台与はそれ以降に没した。台与は倭国王に冊封されていない。三国時代終息で晋にとって対呉対応としての倭国の魅力はなくなったためであろう。

・崇神の即位年は甲申年（２６４年）、没年は戊寅年（３１８年）とされる。

干支該当年をカッコ内の年と見て、崇神は台与の摂政（男弟）となり台与の没後（台与は百襲姫とみると崇神即位１０年に没）に即位したとみる見解、崇神の没年を60年遡らせ２５８年とみて崇神は卑弥呼の摂政（男弟）とみる見解もある。

・いずれも推論であるが、崇神を初代倭大王と考える一つの根拠と思料する。

第６節　神功皇后

書紀は、新羅征伐、卑弥呼・台与を神功の治世のこととして記述する。

イ　神功の事績の疑問点

ⅰ　書紀には新羅征伐の戦の地理が全く記されていない。神託によるという征伐に至る経緯や戦の地理が記されていないなどの点から神功皇后による朝鮮征伐が史実である可能性は薄いと考えられている。しかし、百済記や広開土王碑からも４世紀後半から５世紀にかけて倭兵が朝鮮半島で戦ったことは事実と考えられ、そうした状況を神功に仮託した創話ではないかとされる。

ⅱ　記紀では、神功は新羅征伐から帰還後、応神を伴って大和に向かい、応神の異母兄弟の忍熊王を倒して応神に皇位を継承させる。それは佐紀古墳群（成務）の皇統を退け、自らの王朝を開いたことになる（東遷説の一つ）。神功東征についても史実かは疑問とされる。

iii　書紀は「魏志いわく」として、卑弥呼・台与の遣使を神功39年から66年のおよそ30年間のこととして記述している。一方、七枝刀（３６９年製造の刻みあり）を百済肖古王から贈られたことも神功の治世の時代のこととして記述している。卑弥呼、台与時代は肖古王の時代より１００年以上古く、両立は困難であり、書紀の記述は史実として無理がある。

ロ　考察

神功の存在、併せて、夫の仲哀についても創話で、実在を疑問視する見解は多い。４世紀に熊襲の乱があったことは事実であろうし、倭兵が朝鮮半島に進攻したことも事実であろう。神功に仮託しうる女帝ないし后妃の伝承が存在し、７世紀の記紀の編纂者が物語をつなげたのではないかと思料する。

第７節　王朝交代をめぐる議論

イ　応神、継体朝成立を巡る議論

・神功東征により応神大王が生まれ、応神・仁徳の大王古墳は大和ではなく大阪に築造される。武烈に後継者がなく継体が大王に迎えられる。こうした経緯から応神、継体大王即位について王朝継続説と王朝交代説がある。

ｉ　王朝継続説

応神即位は倭王朝内の権力移動であった。継体は応神と遠いが血の繋がりがあり、手白香（仁賢の皇女）と婚姻（婿入り）していることから継体即位による王朝の交代は無かった、皇統は継続しているとする。

ⅱ　王朝交代説

崇神王朝、応神・仁徳王朝、継体王朝と王朝交代があったとする（水野祐氏）。

・記紀は皇統継続に配慮した記述となっているが、実態は王朝交代であったであろうと思料する。

ロ　北方騎馬民族による王朝征服説（既述、江上波夫氏）

古墳時代中期以降、日本の文化が騎馬文化的となったことは大陸系騎馬民族の武力征服によるとする見解。

５世紀代に騎馬文化が入ってきたことは事実であるが、それが騎馬民族征服によるとするのは飛躍で、今日では、朝鮮半島への軍事侵出、人の流入などにより文化は漸進的に変化していったものと理解され、征服説は否定されている。

ハ　継体没、欽明までの内紛

書紀では、継体—安閑—宣化—欽明の順に即位したとされるが、継体没後、皇位を巡る争いがあったとも記述される。

安閑、宣化は尾張目子媛の皇子、欽明は手白香（仁賢皇女）の皇子で皇統を継ぐ正嫡という対立要素があり、皇位継承争いがあったと解されている。

・争について以下の説がある。

i　継体没後、安閑・宣化支持勢力と欽明支持勢力が対立。欽明派がクーデター（辛亥の変）を起こし即位。安閑（次いで宣化）も即位宣明、２朝並立。７年を経て欽明勝利で決着とする見解。

ii　継体は没直前に安閑に生前譲位。継体は慣例に反して安閑の大王即位を豪族に諮らなかった。このため、宣化・欽明、豪族が反発。継体没直後、安閑とその皇子殺害。欽明（正嫡）即位までの中継ぎとして宣化即位とする見解。

・いずれが史実か決め手はないが、後者の可能性が高いのではないかと思料する。

終章　文字なき列島古代史

1　縄文、弥生時代

４万年前以降、列島に人類が住み着いた。極寒の時代であった。旧石器時代を経て、１万年余の縄文時代、千年余の弥生時代、３００年余の古墳時代を過ごした。文字なき時代であり、当時の姿は、遺跡、遺物から知る他はない。

イ　縄文時代の1万年余は狩猟採集の時代、農業が生業となる前の時代であるが、石器、土器、土偶はじめ優れた縄文文化を形成した。

ロ　ＢＣ10世紀、朝鮮半島からの水稲耕作の伝播により弥生時代が始まった。水稲耕作は数百年かけて関東、東北にまで広まる。鉄器の使用により田地は拡大、生産水準は向上した。

水稲耕作は、水利の地に定住、水の管理、農産活動に集団作業を必要とすることから川、山を境界に集落が生まれ、国と呼ばれる規模の集合体を生み、その数は2～3世紀には百余に及んだとされる。

ハ　古代人を支えた信仰は、縄文時代は精霊信仰、弥生時代は祖霊信仰、そして、弥生末期から首長霊信仰へと進んだとされるが、精霊、祖霊信仰は底流として継続した。

2　弥生末から古墳時代へ　古代国家の形成

イ　紀元に入ると中国の史書などに僅かではあるが倭が登場する。

そうした資料も参照して歴史を辿ると、紀元前後から朝鮮半島、大陸に近い北九州地域の奴、伊都国などが鉄や先進文化の受け入れ、国内への交易中継者として繁栄する。しかし、バックとなる後漢の衰退、大和・吉備・出雲などの国の勃興とともにその勢力は衰え、やがて、大和を中心とする豪族連合の倭王権、倭大王が出現、3世紀中頃の巨大な箸墓前方後円墳築造とともに古墳時代が始まる。

ロ　記紀は古代日本を記す唯一ともいえる史料であるが、10代崇神から14代仲哀、神功までに国内統一、国家形成が進んだと記述する。しかし、記紀記述のようにこの時代に実現したとは考えられない。応神、仁徳の超巨大古墳、雄略の葛城・吉備氏征圧、継体の北九州磐井の乱鎮圧に象徴されるように、5世紀から6世紀にかけて倭王権が確立、ほぼ全国に勢力が及んだと考えられる。

ハ　大王権力の確立、文字が使用されるようになった6世紀に天皇家の歴史書の編纂が始まり、帝紀・旧辞、推古時代の天皇記・国記を経て、８世紀初に記紀が著された。文字の普及に伴い、歴史的記念碑としての巨大古墳築造が史書に代わる時代が訪れたと言えよう。

ニ　記紀を巡っては記述の真偽につき様々な議論がなされている。編纂当時の事情を反映した創作、事実の改変もあったであろう。しかし、古くからの伝承、歴史上の大きな出来事の記憶は後世に残る。記紀も基本的にはそれを踏えていると思料する。そうしたことを読み取っていく努力が必要であろう。

古代日本を考える上で、遺跡、遺物、大陸の史書と並んで、記紀は価値ある存在、大切な存在と考える。

おわりに

本書はシリーズ6冊目となるが、書き残した日本の最古の時代の歴史、「文字なき古代の列島史」をテーマとした。

5冊目までは史実を伝えるべく務めたところであるが、本書は文字なき時代を中心に記述することとなり、考古学の資料、学説中心にならざるを得なかった。事実として確定していることには限りがあり、いくつもの見解、矛盾する資料もあって論理一貫したものとはなり得なかった。個人的推論も入っていることはご容赦願いたい。

古代社会は我々の遠い祖先の世界であり、誰しも郷愁と想像を掻き立てる世界であることは冒頭に述べた通りである。本書を読むことで読者の日本の古代世界のイメージがより鮮明なものとなれば幸いである。

参照、引用させていただいた多くの文献の著者の方々には深く御礼申し上げる。理解に誤りがあれば、全て筆者の未熟によるところでありお詫び申し上げる。また、本書の編集刊行にご協力いただいた大蔵財務協会の方々に心から御礼申し上げたい。

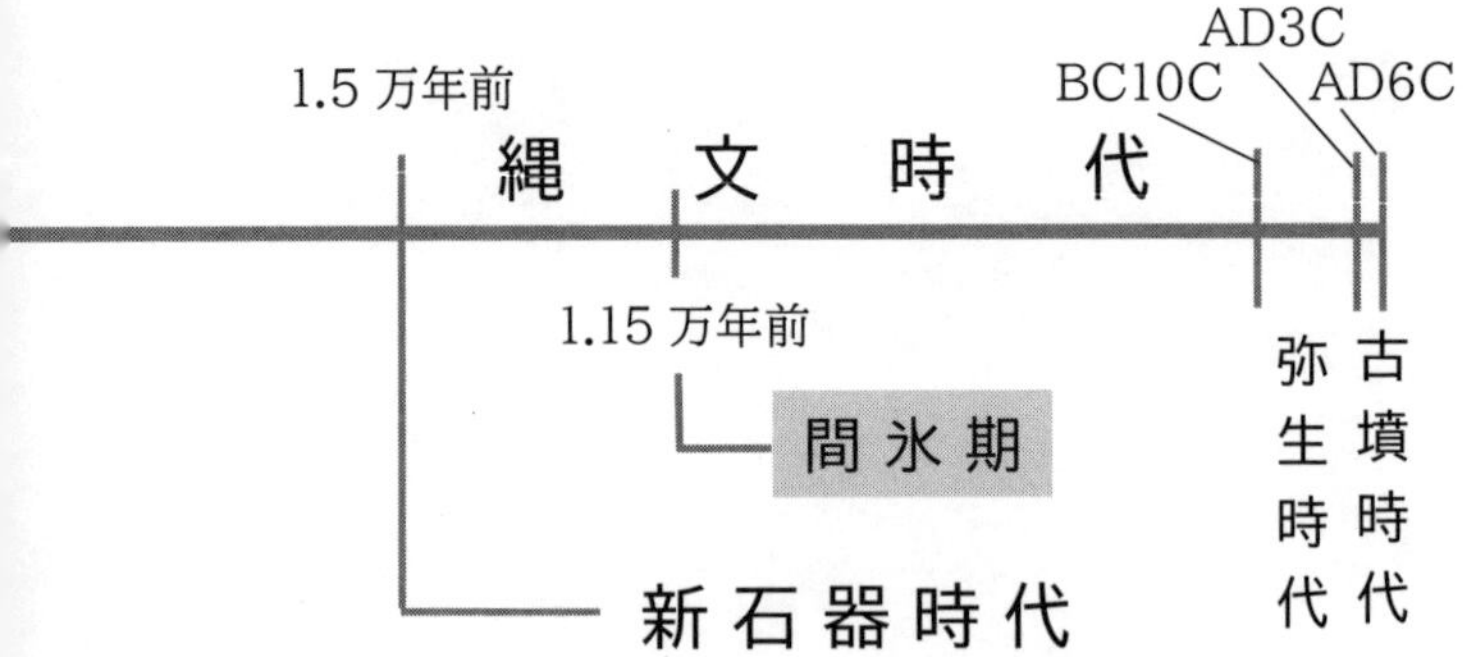

AD3C
BC10C
AD6C
1.5 万年前
縄 文 時 代
1.15 万年前
間 氷 期
新 石 器 時 代
弥生時代
古墳時代

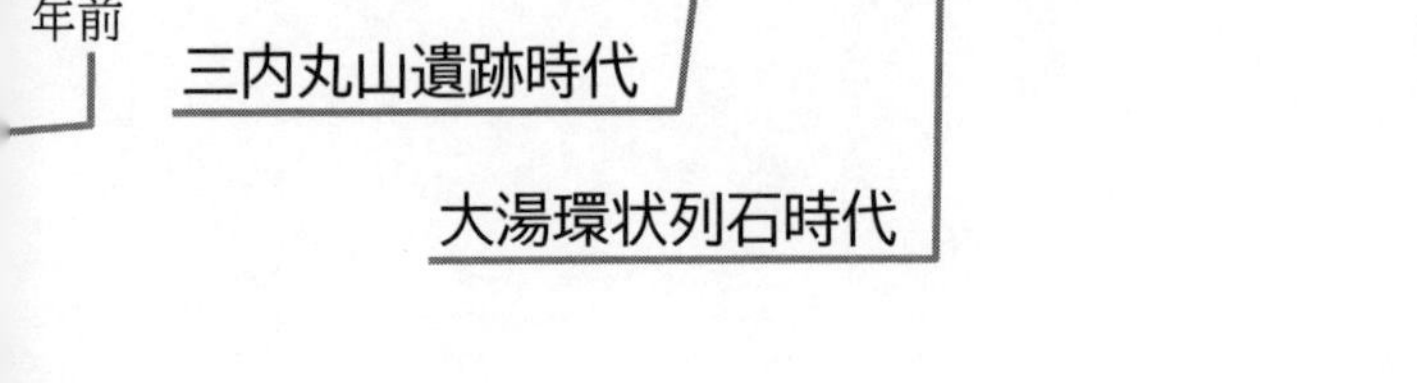

7000 年前
5500 年前
4400 年前
3200 年前
2400 年前
前期
中期
後期
晩期
7300 年前
三内丸山遺跡時代
大湯環状列石時代

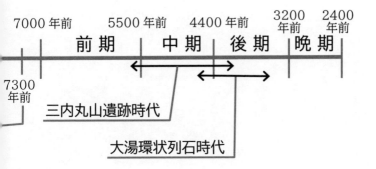

文字なき古代の列島史

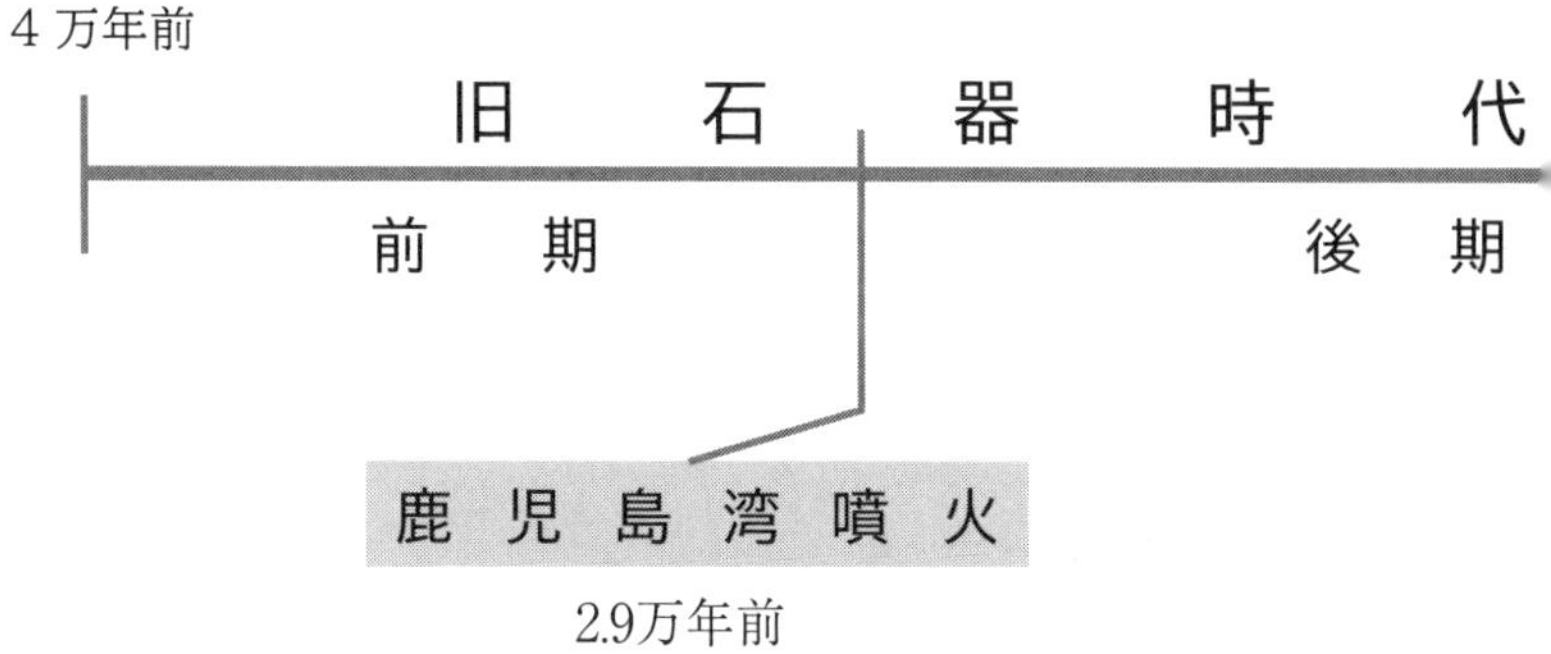

縄　文　時　代

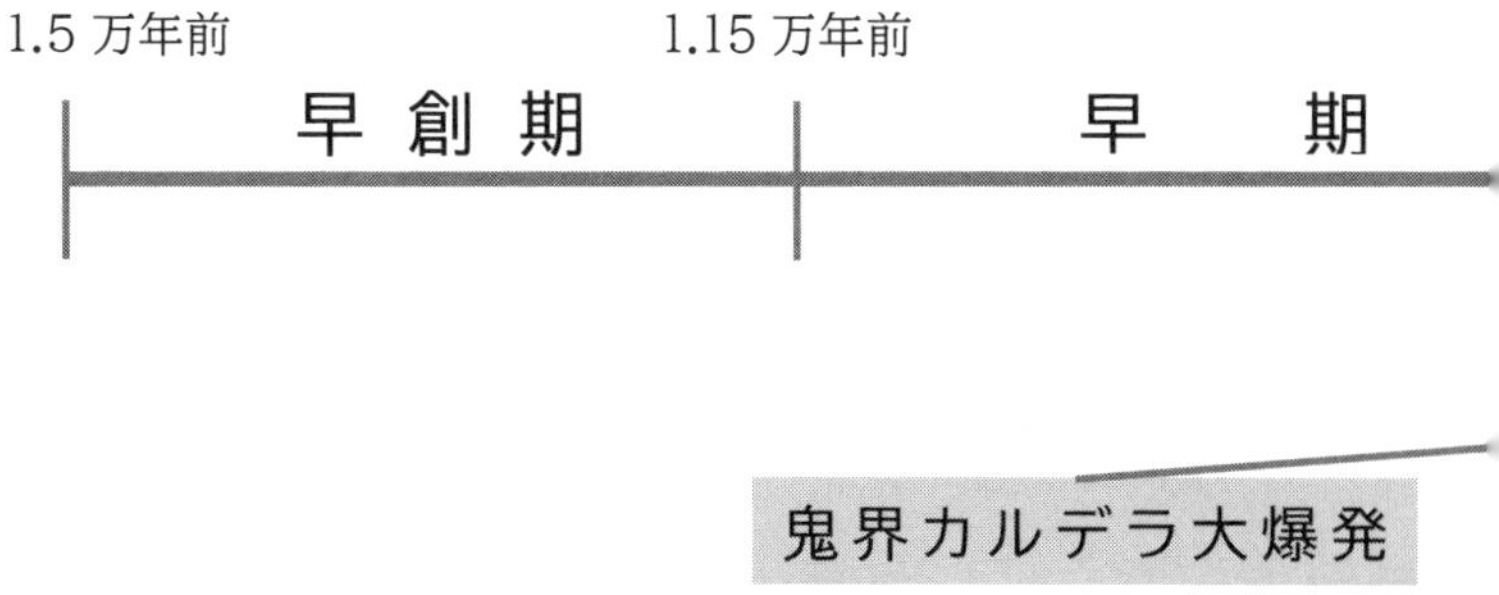

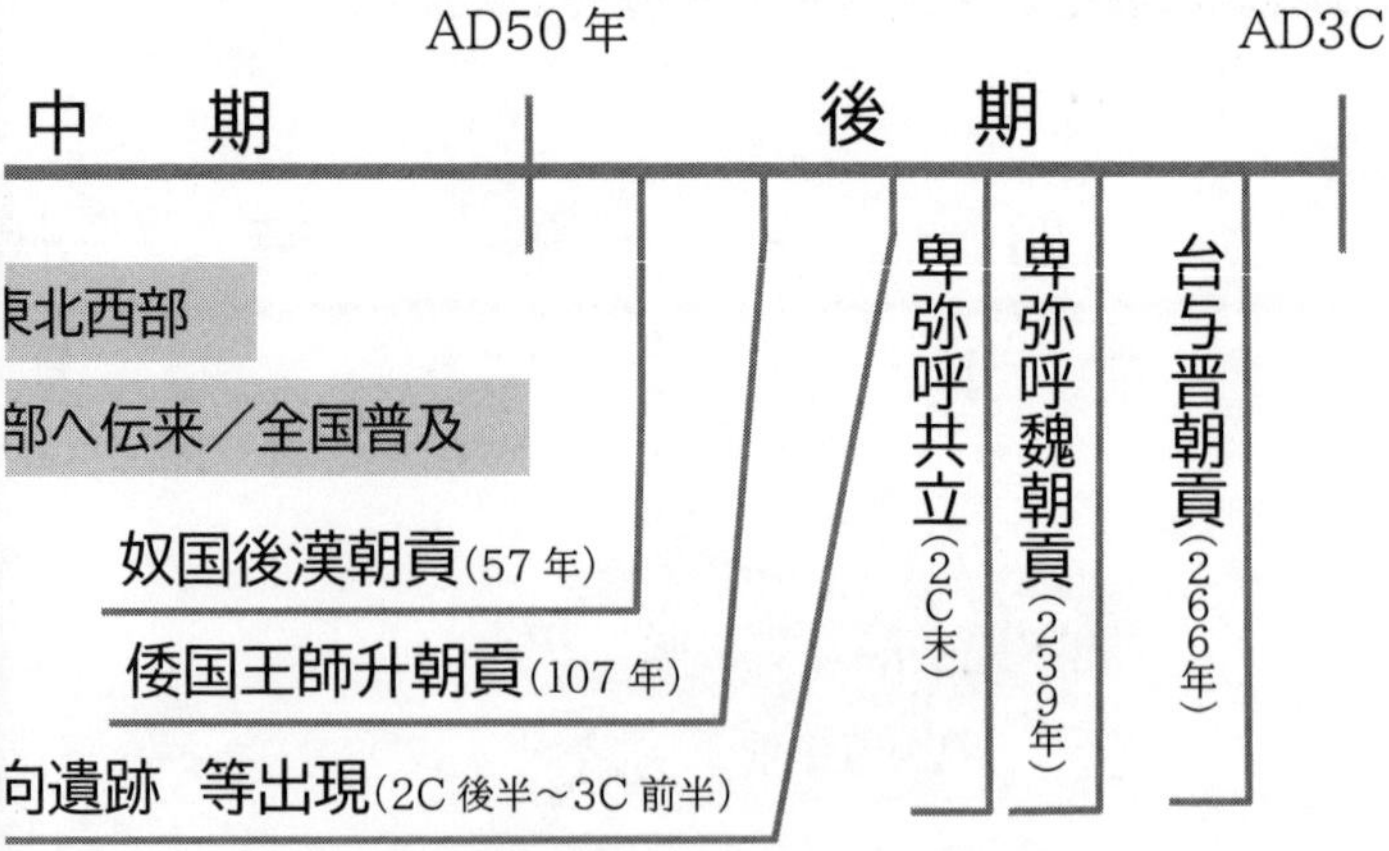
AD50年
AD3C
中　期
後　期
東北西部
部へ伝来／全国普及
奴国後漢朝貢(57年)
倭国王師升朝貢(107年)
向遺跡　等出現(2C後半～3C前半)
卑弥呼共立(2C末)
卑弥呼魏朝貢(239年)
台与晋朝貢(266年)

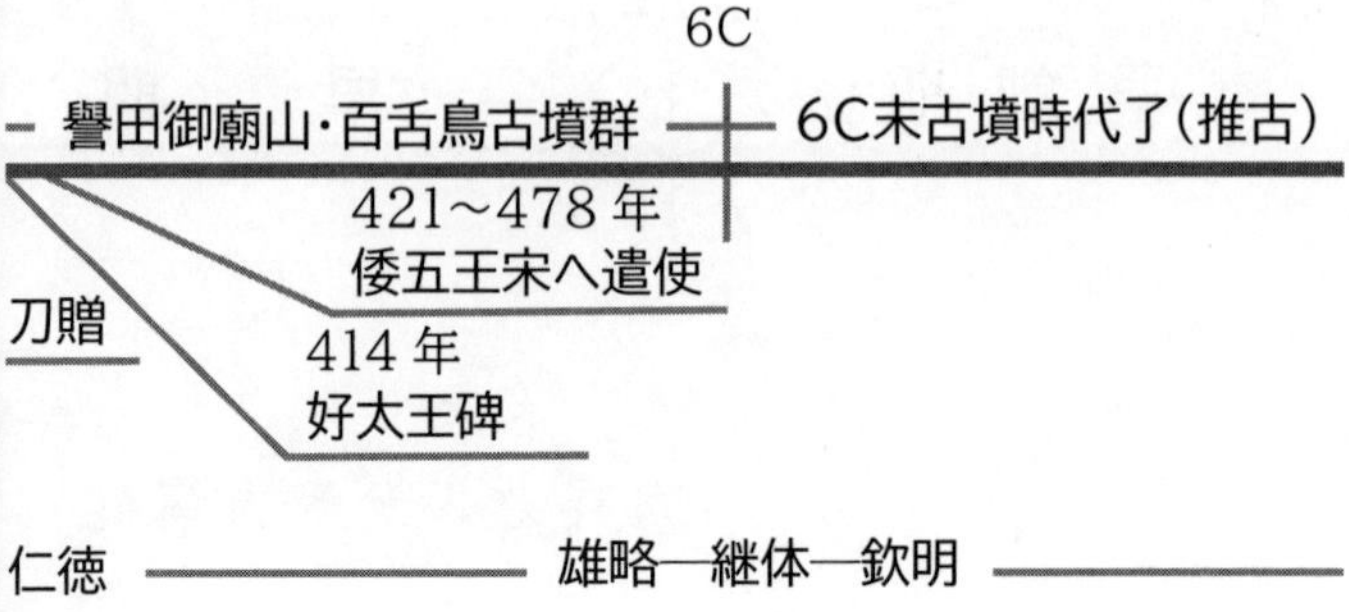
6C
譽田御廟山・百舌鳥古墳群
6C末古墳時代了(推古)
421～478年
倭五王宋へ遣使
刀贈
414年
好太王碑
仁徳
雄略—継体—欽明

弥　生　時　代

BC10C　BC800年　BC400年

早期　前期

〈水田稲作〉北九州／九州南部・西瀬戸内／近畿／中部・関東・東

〈鉄器〉九州北

楯築墳丘墓／出雲西谷墳丘墓／纒

古　墳　時　代

AD3C　4C　5C

3C中頃 － オオヤマト古墳群 －－ 佐紀・馬見古墳群 －－

箸墓古墳

369年
百済肖古王七枝

→ 崇神 ―――― 応神・

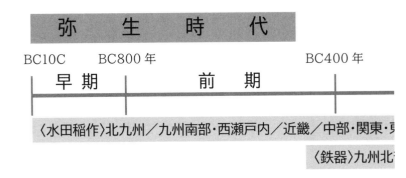

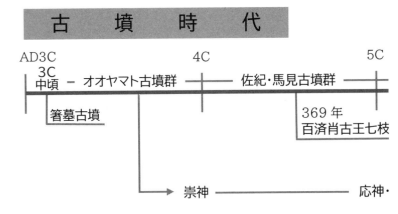

参考文献

人類の起源　篠田謙一著　中公新書
遊牧の起源と人類史的役割　松原正毅著　学士会会報
日本人はどこから来たか　埴原和郎編　作品社
ここが変わる！日本の考古学　藤尾慎一郎・松木武彦編　吉川弘文館
縄文時代史　勅使河原彰著　新泉社
縄文時代　山田康弘・国立歴史民俗博物館編　吉川弘文館
世界史のなかの縄文　佐原真・小林達雄　新書館
縄文と世界遺産　根岸洋著　ちくま新書
日本発掘！　文化庁編　朝日新聞出版
縄文の社会構造をのぞく・姥山貝塚　堀越正行著　新泉社
縄文人を描いた土器・和台遺跡　新井達哉著　同上
縄文文化の起源をさぐる・小瀬ケ沢・室谷洞窟　小熊博史著　同上
石にこめた縄文人の祈り・大湯環状列石　秋元信夫著　同上
〈新〉弥生時代　藤尾慎一郎著　吉川弘文館
縄文vs弥生　設楽博己著　ちくま新書
縄文社会と弥生社会　同上　KEIBUNSHA
農耕社会の成立　石川日出志著　岩波新書
日本の先史時代　藤尾慎一郎著　中公新書
列島創世記　松木武彦著　小学館
「弥生時代」の発見・弥生町遺跡　石川日出志著　新泉社

参考文献

邪馬台国時代のクニの都・吉野ヶ里遺跡　七田忠昭著　同上
吉備の弥生大首長墓・楯築弥生墳丘墓　福本明著　同上
出雲王と四隅突出型墳兵墓・西谷墳墓群　渡辺貞幸著　同上
日本海を臨む「倭の国邑」・妻木晩田遺跡　濱田竜彦著　同上
弥生実年代と都市論のゆくえ・池上曽根遺跡　秋山浩三著　同上
邪馬台国時代の東海の王・東之宮古墳　赤塚次郎著　同上
邪馬台国の候補地・纒向遺跡　石野博信著　同上
出雲国風土記と古代遺跡　勝部昭著　山川出版社
まぼろしの出雲王国　山崎謙著　PHP
出雲神話の真実　関裕二著　同上
出雲王国の正体　武光誠著　同上
日本語はいかにして成立したか　大野晋著　中公文庫
邪馬台国とは何か　石野博信　新泉社
邪馬台国　水野正好・白石太一郎・西川寿勝著　雄山閣
邪馬台国の考古学　東潮著　角川選書
邪馬台国の謎に挑む　金関恕・直木孝次郎他著　学生社
卑弥呼の時代　吉田晶著　吉川弘文館
卑弥呼誕生　遠山美都男著　洋泉社
卑弥呼は大和に眠るか　大庭脩編著　文英堂
邪馬台国をとらえなおす　大塚初重著　吉川弘文館
邪馬台国再考　小林敏男著　ちくま新書

三輪山の考古学　網干善教・石野博信・河上邦彦ほか著　学生社
三輪山と日本古代史　石野博信・上野誠・岡本健一ほか著　同上
三輪山と卑弥呼・神武天皇　笠井敏光・金関恕・千田稔ほか著　同上
三角縁神獣鏡・邪馬台国・倭国　石野博信・水野正好ほか著　新泉社
最初の巨大古墳・箸墓古墳　清水眞一著　同上
ヤマトの王墓・桜井茶臼山古墳・メスリ山古墳　千賀久著　同上
古墳とその時代　白石太一郎著　山川出版社
古墳の古代史　森下章司著　ちくま新書
古墳　土生田純之著　吉川弘文館
前方後円墳の出現と日本国家の起源　白石太一郎ほか著　KADOKAWA
倭国の形成と展開　白石太一郎著　KEIBUNSYA
倭国のなりたち　木下正史著　吉川弘文館
ヤマト王権の誕生　藪田紘一郎著　彩流社
私の日本古代史　上田正昭著　新潮選書
古代統一政権の成立　大林太良・門脇禎二ほか著　学生社
ヤマト王権　吉村武彦著　岩波新書
古代国家はいつ成立したか　都出比呂志著　同上
新日本古代史　田中英道著　育鵬社
空白の日本古代史　水谷千秋著　宝島社新書
敗者の古代史　森浩一著　角川新書
定説破りの日本古代史　山本隆司著　幻冬舎

歴史をうがつ眼　松本清張著　中央公論新社
日本の誕生　長浜浩明著　ｗａｃ
倭王の軍団　西川寿勝、田中晋作著　新泉社
古事記及び日本書紀の研究　津田左右吉著　毎日ワンズ
神話と歴史　直木孝次郎著　吉川弘文館
神話の源流をたどる　上野誠、大館真晴編　KADOKAWA
日本の古代史　本当は何がすごいのか　武光誠著　育鵬社
日本の建国　安本美典著　勉誠出版
日本古代史の謎を解く　澤田洋太郎著　新泉社
神武天皇の真実　田中英道著　扶桑社
神々の革命　小路田泰直著　かもがわ出版
古事記誕生　工藤隆著　中公新書
古事記と日本書紀　謎の焦点　瀧音能之著　青春出版社
『日本書紀』の呪縛　吉田一彦著　集英社新書
魏志倭人伝・後漢書倭伝・宋書倭国伝・隋書倭国伝　和田清、石原道博編訳　岩波文庫
古事記　倉野憲司校注　同上
古事記　全訳注　次田真幸著　講談社学術文庫
日本書紀　全現代語訳　宇治谷孟著　同上
サピエンス全史　ユヴァル・ノア・ハラリ著（柴田裕之訳）　河出書房新社
無と意識の人類史　広井良典著　東洋経済
つながりの人類史 集団脳と感染症　田村光平著　ＰＨＰ研究所

和 邦夫

（やまと・くにお）


本名　石坂匡身（いしざか・まさみ）。

1939年、東京都生まれ。

1963年、東京大学法学部卒業、同年大蔵省入省、1994年まで同省勤務、同省主計局主査、調査課長、大臣秘書官、主税局審議官、理財局長などを務める。1995～6年環境事務次官。現在、一般財団法人大蔵財務協会顧問。

主な著書『倭 古代国家の黎明』『戦国乱世と天下布武』『頼朝と尊氏』『幕末・明治激動の25年』『太平洋戦争と日本の命運』（大蔵財務協会刊）

■縄文のビーナス
写真提供：茅野市尖石縄文考古館

■火焔型土器
出典：国立博物館所蔵品統合検索システム
(https://colbase.nich.go.jp/collection_items/tnm/J-39036?locale=ja)
出典：ColBase (https://colbase.nich.go.jp)

■箸墓古墳
写真提供：Photo AC @_andy

文字なき古代の列島史
日本人はどこから　縄文・弥生・倭大王

令和５年４月３日　初版印刷
令和５年４月14日　初版発行

著者　和　邦夫

（一財）大蔵財務協会　理事長
発行者　木村幸俊

発行所　一般財団法人　大蔵財務協会
〔郵便番号　130-8585〕
東京都墨田区東駒形1丁目14番1号
（販売部）TEL03(3829)4141・FAX03(3829)4001
（出版編集部）TEL03(3829)4142・FAX03(3829)4005
http://www.zaikyo.or.jp

乱丁・落丁はお取替えいたします。　　印刷　恵友社
ISBN978-4-7547-3114-4